Unter Deutschen

R. W. B. McCormack

UNTER DEUTSCHEN

Porträt eines rätselhaften Volkes

 EICHBORN.

© Vito von Eichborn GmbH & Co. Verlag KG, Frankfurt am Main, März 1994.
Umschlaggestaltung: Rüdiger Morgenweck unter Verwendung eines Exponats des Deutschen Gartenzwerg-Museums, D-74583 Roth am See.
Satz: Fuldaer Verlagsanstalt GmbH, Fulda.
Druck und Bindung: Wiener Verlag, Himberg.
ISBN 3-8218-1151-X.
Verlagsverzeichnis schickt gern:
Eichborn Verlag, Kaiserstraße 66, D-60329 Frankfurt

INHALT

Zum Geleit 7
Herkunft und Aussehen 11
Staatsverständnis 17
Wirtschaftsgebaren 29
Verkehrssystem 44
Militärwesen 52
Sprachempfinden 59
Denkvermögen 68
Seele und Gemüt 75
Liebes- und Eheleben 83
Kindheit und Jugend 90
Essen und Trinken 96
Wohnkultur 108
Rechtspflege 115
Heilkunde 122
Glaubenswelt 129
Massenmedien 137
Dichtung und Prosa 149
Kunst – Musik – Theater 158
Natur und Umwelt 173
Tierliebe 177
Sport und Spiel 183
Urlaub und Reisen 188
Deutsche und Ausländer 196
Der Nationalcharakter 202

Weiterführende Literatur 206
Tief in Bayern – eine Antwort an meine
  Kritiker 208
Ortsregister 217

Zum Geleit

So befriedigend es gewesen sein mag, den Schuhplattler als ritualisierte Abwehr von Stechmücken zu entlarven – die Beschäftigung mit dem Stamm der Bayern brachte doch eine gewisse Einengung mit sich. Hört man nur den Bayerischen Rundfunk, könnte man glauben, die größte Bedrohung ginge von falschem Schuhzeug in den Bergen aus. Nach einigem Zögern habe ich mich zu einer geographischen Ausweitung bewegen lassen. *Tief in Bayern* (1991) mag als »wegweisende Studie« erkannt worden sein, doch machte mir einer der einfühlsamsten Rezensenten klar, daß die Bavariologie eher ein Zweig der Metaphysik als der Völkerkunde ist. Deshalb meine Hinwendung zu ganz Germany.

Deutschland bedeckt nur ein knappes Prozent der Erdoberfläche, ist aber eine der bedeutendsten Kulturnationen in Mitteleuropa. Über die deutsche Kulturseele sind bei uns Amerikanern viele, schier unausrottbare Klischees im Umlauf. Einige dieser falschen Vorstellungen wollte ich attackieren, indem ich mich in die natürliche Lebenssituation der Deutschen versetzte. Nicht daß ich den Effekt wissenschaftlichen Arbeitens überbewerten wollte! Wie zählebig Stereotypen sind, wurde mir erst wieder bewußt, als ich lesen mußte, daß trotz meiner liebevollen Beschäftigung mit den Bayern in der neuesten Literatur von »beer-swilling, unintelligible Bavarians« die Rede ist.[1]

Mir war von Anfang an klar, daß eine beträchtliche analytische Kraftanstrengung nötig sein würde, um den Beforschten gerecht zu werden. Die Bayern sind ein kompakter Stamm, die Deutschen ein zerrissenes Mischvolk. Meine Aufgabe würde Geduld, Mut und Flexibilität erfordern.[2] Den westlichen Teilen des Landes näherte man sich am besten mit sozialanthropologischen Methoden, der Osten war eher ein Feld für den Museumsethnologen.

Wie oft haben wir nicht vor Orientierungsproblemen gestanden. Das verwinkelte Wendland wollte sich ohne Hilfe nicht erschließen. Erst mit einem ortskundigen Führer gelang es, den Weg von Vasenthien über Krautze durch die Künscher Landwehr und über den Luciekanal nach Kolborn zu finden. Gelegentlich war ein Tagesziel erst nach zähem Kampf mit Vokalen wie in der Peeneaue oder gegen Umlaute und Konsonanten wie vor der Göltzschtalbrücke bei Netzschkau im Erzgebirge zu erreichen.

Natürlich waren wir auf Abenteuer gefaßt. Im Unterharz führte uns ein lebensbedrohlicher Pfad von der Roßtrappe über die Wolfsschurre zum Hexenfangplatz und von da unter

---

[1] Mary Fulbrook, A Concise History of Germany, Cambridge University Press 1991, S. 4

[2] Marlies Menge, »Der Reiz des Verbotenen: Warum Amerikaner DDR-Forscher werden«, in: Die Zeit vom 2.8.1985

erheblichen Entbehrungen über die Teufelsbrücke zu den Gewitterfelsen. Man konnte mit Saint-Exupéry sagen: Kein Tier hätte es fertiggebracht. Mehr als einmal bin ich gefragt worden, warum jemand solche Strapazen auf sich nimmt. Ich habe immer dieselbe Antwort gegeben. Erst ist es der Forscherehrgeiz, dann der Unwille, im Freien zu übernachten.

Die Deutschen faszinieren uns, weil sie nachdrücklicher und stetiger als andere Völker die Sinnfrage gestellt haben. Die schärfsten Denker fragten sogar, welchen Sinn, angenommen es gäbe ihn, ein Sinn hätte. Die Suche nach dem inneren Kern dieses Volkes wird dadurch nicht leichter. Wenn ein Deutscher sagt: »Ich möchte ich selbst bleiben«, so hören manche aus diesem Satz eine subtile Drohung heraus. Ich halte es da eher mit meinem großen Landsmann Edgar Allan Poe, der gesagt hat: »The terror of which I write is not of Germany, but of the soul.«

Ich denke in diesem Zusammenhang an ein kleines, scheinbar zufälliges Erlebnis in einer deutschen Großstadt. Zwei gutgekleidete Herren mittleren Alters unterhielten sich über eine am Bordstein geparkte Limousine. Von ferne hatte ich vermutet, das Gespräch würde sich um Design, Verarbeitung oder Benzinverbrauch drehen, aber nein. Im Vorbeigehen hörte ich den Satz, der sich unverlierbar in mein Gedächtnis eingegraben hat: »Du mußt ihm den Harzer Roller hinten in den Falz drücken.« Da wußte ich, daß des Menschen Seele dunkle Flecken hat, die noch nicht erforscht sind.

Die persönlichen Ziele, die ich mit diesem Buch verfolge, sind eher bescheiden. Als eingefleischtem Völkerkundler würde es mir schon genügen, mit Herodot und Tacitus in eine Reihe gestellt zu werden.

Sharon McCormack-Pritchard danke ich für ihr nie erkennbares Verständnis und die Numerierung der Seiten.

11. November 1993 Richard McCormack

Herkunft und Aussehen

Die Deutschen sind ein zentraleuropäisches Mischvolk, dessen Ursprünge bis ins Pleistozän zurückreichen. Bereits der Neandertaler und der Homo heidelbergensis definierten sich als plazentale Säugetiere. Die genaue Abstammung ist in mythologisches Dunkel gehüllt, doch gelten die meisten anthropologischen Universalien auch für Deutsche. Sie haben wie andere Völker vier Extremitäten und nicht mehr als neun Körperöffnungen. Ein spezieller Bautypus zeigt sich insofern, als sie vom Körper her zu den Vertebraten gerechnet werden müssen, ihr Verhalten aber oft an dasjenige wirbelloser Tiere erinnert.

Männer werden durchschnittlich 1,77, Frauen 1,66 Meter groß. Man kann zur Not also noch von einem leptosomen Typ sprechen, der sich durch Beharrungsvermögen und ein schizothymes Gemüt auszeichnet und dem die Farbe wichtiger ist als die Form. Auf dem Vormarsch befindet sich allerdings der pyknomorphe Typ. Er ist ähnlich der Frau kindnäher und konservativer, hat eine schwache Profilbiegung, ein gut ausgebildetes Fettgewebe und ein geringeres Hirngewicht. In höhergelegenen Gebieten findet man vermehrt Zwergwüchsige mit einer Verkürzung und Verplumpung der unteren Extremitäten.

Eine erste Annäherung läßt auf ein mittelhohes Gesichtsskelett schließen. Der Gesichtsindex[1] ist eher unauffällig. Im großen und ganzen kann man die Physiognomie um die sogenannte Frankfurter Horizontale anordnen. Genauere Angaben müssen hier unterbleiben, da wegen Überfettung die Meßpunkte an Schläfe und Nacken oft nicht bestimmbar und somit die Gesichtsform metrisch nicht meßbar war.

Der Gesichtsausdruck ist tagsüber düster-verhangen und hellt sich auch nach Arbeitsschluß nicht unmittelbar auf (»Five O'Clock Tengelmann Look«).

Die europäische Selbstdomestikation hat zu einer weitgehenden Enthaarung des Körpers, zum Ausbleiben der Schutzfärbung und zu Instinktverlust geführt. Die Augen wirken recht pigmentarm, auch die Haut ist, wie bei Leptosomen üblich, nur schwach getönt. Der Mangel an Melanin wird künstlich wettgemacht durch Sonneneinstrahlung, unpolitische Bräunungsstudios, Tätowierungen und kosmetische Mittel.

Der Bart gilt als Lippenrot des Mannes. Theoretisch werden die männlichen Barthaare in 60 Jahren sechseinhalb Meter lang. Traditionell diente der Bart Ärzten und anderen Autoritätspersonen dazu, sich Respekt zu verschaffen. Heute tragen die meisten Männer ein glattes Rasierwassergesicht oder aber Kreativstoppeln zur

---

[1] $\frac{\text{Gesichtshöhe} \times 100}{\text{Jochbogenbreite}}$

Schau. Hartnäckige Kinnbartbesitzer verbergen in der Regel ein Doppelkinn.

Angehörige beider Geschlechter färben ihr Gebiß mit dem Teer von Tabak. Einzelne Zähne werden mit Goldblech überzogen. Der erste Vormahlzahn hat nur einen Höcker, regional stößt man auf verlängerte Schnauzenteile. In der Bensheimer Gegend und im Mittelsächsischen Hügelland häufen sich die Prognathen mit stark vorstehendem Oberkiefer.

Frauen sind an dem stumpfen Winkel der vorderen Schambeinäste, den breiteren Darmbeinschaufeln und dem hohen Rumpfbreitenindex zu erkennen. Die Brüste werden je nach Mode halb entblößt oder ganz zum Verschwinden gebracht[2], die Taille durch Einschnüren deformiert.

Die natürliche Sanduhrform ist nicht nur bei Frauen verlorengegangen. Der durchschnittliche Leibesumfang hat seit der Währungsreform um siebzig Millimeter zugenommen. Der Zustand starken Übergewichts gilt als erreicht, wenn der Quotient Gewicht durch das Quadrat der Größe den Wert 30 übersteigt. Bei 15 Prozent der Bevölkerung ist dies der Fall (1992). In der warmen Jahreszeit ist Fettleibigkeit hauptsächlich eine ästhetische Frage, im Winter wird sie zu einem räumlichen Problem. Mit ihren Steppmänteln und wattierten Anoraks kommen dicke Menschen auf Rolltreppen und in den

---

[2] Die deutschen Milchwerke und ihre Stellung zur künstlichen Ernährung des Säuglings, Zwingenthal 1906

Sobald der Quotient Gewicht durch Größe im Quadrat den Wert 30 übersteigt, halten Deutsche sich durch Bewegung fit.

Gängen der Supermärkte kaum noch aneinander vorbei. Am dicksten sind die Schwaben und da wieder die Augsburger, die so gut wie diätresistent sind. In Augsburg-Pfersee kommt es zur Ausbildung der Hottentottenschürze. Über die Verursachung läßt sich wenig sagen, da eine normalgewichtige Kontrollgruppe nicht aufzutreiben war.

Die Bevorzugung der hinteren Extremitäten bei der Fortbewegung ist außer bei Kleinkindern und Betrunkenen sehr weit gediehen. Das Bein ist vielgestaltig. Man trifft praktisch alle Längen und Formen an, von meterlangen, muskelbepackten SprinterInnen-Beinen über bleistiftdünne Aristokratenhaxen bis zu den Sektpullenbeinen der Fernsehansagerinnen.

Die von der Fortbewegung befreite Greif- und Aufhaltehand ist gelegentlich schon so unansehnlich geworden, daß sie gedoubelt werden muß. Eine Teigwarenfabrik warb mit dem Bild der besten deutschen Tennisspielerin für ihre Produkte, verwendete aber nur den Kopf der mehrfachen Wimbledonsiegerin. In das Bild hineinretuschiert wurden die Hände eines Mannequins.[3] Kurze, dicke Finger haben die Einführung des Tastentelefons beschleunigt, weil sich bei diesem das umständliche Drehen der Wählscheibe mittels Kugelschreiber erübrigt.

Bei der Inspektion des Ellenbogens ergab sich eine neurologische Besonderheit. Eine statistisch signifikante Anzahl von Deutschen ($p < 0.5$) besitzt an den äußeren Ellenbogen keine Nervenenden.

Das Wirtschaftswunder nach dem Zweiten Weltkrieg wurde von einem Fräuleinwunder begleitet: Die schönsten Mädchen waren plötzlich in Deutschland zu finden. Von dieser Pracht ist nach dem Ende des Kalten Krieges nicht viel übriggeblieben. Die Fachzeitschrift *People* plazierte unter die 50 schönsten Menschen der Welt nur noch eine Deutsche – ausgerechnet eine Eistänzerin aus der früheren DDR.

Durch die Nachkriegspolitik waren Ostdeutsche in Refugialräume abgedrängt worden. Bau-

---

[3] W. Paterson, The West German Model, London 1991

liche Maßnahmen verstärkten in unwirtlichen Gebieten die geopolitische Isolation. Welche Richtung die Evolution unter isolierten Bedingungen nehmen würde, blieb zunächst offen. Noch hatten Ost- und Westdeutsche homologe Organe, doch gab es auch schon die ersten Rückbildungsreihen. Durch den Fall der Mauer ist wieder eine Fortpflanzungseinheit entstanden. Der Mutationsdruck ist hoch, die Menschen in Dresden und Leipzig vertrauen darauf, daß die Evolutionsgeschwindigkeit in kleinen Populationen ziemlich groß ist und sie bald in den Genuß des *passing* kommen, des geräuschlosen Übergangs von einer Gruppe zur anderen ohne Angabe der Himmelsrichtung. Ein Problem stellt noch der Dialekt dar, ein anderes Hindernis ist das Fehlen von Zwischenformen, die eine dem sozialen Frieden abträgliche Sprungmutation unnötig machen würde. Eventuell könnte der Einsatz von Berlinern als »Brückentiere« die Abruptheit der Wandlung ein wenig abfedern.

Staatsverständnis

In dem unserem Untersuchungszeitraum vorausgehenden Jahrtausend soll ein Vogelkult geherrscht haben. Der Kult wurde von Vogelmännern getragen, so benannt, weil ihre Cerebralisation in einer bestimmten Regelhaftigkeit abnahm. Man nennt diese Epoche auch das Zeitalter der rechtsdrehenden Swastika oder »Drittes« Reich. Den Jahresringen an den Eichen nach zu schließen hat es wesentlich kürzer gedauert als 1000 Jahre. Man könnte also von einem irreal existierenden Millenarismus sprechen.

Der Führer der Vogelmänner war ein Heilsbringer mit messianischen Zügen. Der Kult um-

Die meisten Deutschen standen dem Führer reserviert gegenüber. Nur eine kleine Minderheit, wie hier in Bückeburg, jubelte ihm begeistert zu.

faßte Geistertänze, nativistische Übungen und die Verehrung zahlreicher Kultgegenstände. Verpflichtend war das Bekenntnis zur Erdverbundenheit und eine bestimmte Grußgebärde, die am Ende zum Ritual erstarrte und den Niedergang einleitete. Abweichend davon sehen manche den Untergang in der Tatsache begründet, daß im Dritten Reich der zweite Mann als erster türmte.

Die Bombenangriffe der Alliierten Mächte taten keineswegs ein übriges, die Moral der Deutschen zu heben. Die Amerikaner ließen zwar das Braune Haus in der Hauptstadt der Bewegung stehen, bombardierten aber das Rote Haus zu Trier, das ihnen gefährlicher vorkam. Sie setzten wohl über den Rhein und leiteten zusammen mit ihren Verbündeten eine Politik ein, die zunächst zu einem viergeteilten Deutschland führte.

Die Austreibung des alten Vogelkultes ging zügig vonstatten. Einer großangelegten Fragebogenaktion zufolge waren die meisten ohnehin nur harmlose Polterer, Luftwaffenhelferinnen oder Angehörige der exklusiven, aber unpolitischen Reiter-SS gewesen. Manche sind zu Unrecht als Vogelmänner verdächtigt worden, weil sie in der fraglichen Zeit durch rhythmisches Heben der rechten Hand Heilgymnastik betrieben hatten.

Für historische Kontinuität nach dem Verschwinden des Vogelkultes sorgten sechzig ehemalige Vogelmänner im ersten deutschen Bundestag. Der Gründungskompromiß der Bundesrepublik fußte auf dem Zusammengehen von Jägern und Gejagten, von Tätern und Opfern. An der Spitze des Staates stand wieder ein Kanzler. Die drei wichtigsten Kanzler der Nachkriegszeit waren Chief, Sergeant und Big Man.

Der Chief mit seinen unverkennbar indianischen Gesichtszügen ist der Anzestor, das *ancient member* der Nation Deutschland im heutigen Verstande. Bei Dienstantritt legte er eine ärztliche Bescheinigung vor, daß er gesundheitlich in der Lage sei, das Kanzleramt für zwei Jahre zu verwesen; er regierte vierzehn Jahre. Der Grundsatz »alte Häut dörffen viel Schmierens« schien für ihn nicht zu gelten: Mit eisernem Willen und Ritalin hielt er sich so lange an der Macht, daß eine genervte Opposition bereits alle rechtsförmigen Möglichkeiten der Interventionsgerontologie durchspielte. Das Durchhaltevermögen und die Schlagfertigkeit des Chiefs waren legendär. Seinem heftigsten Widersacher hielt er kühl entgegen: »Manchmal frage ich mich, Herr Frahm, wer von uns beiden eigentlich Emigrant gewesen ist – Sie oder ich?«[1]

Der erste Amtssitz des neuen Bundeskanzlers befand sich in einem zoologischen Museum mit ausgestopften Tieren. Seit Alfred Weber wissen wir, daß der Mensch ein anderer wird, sobald er die Tiere beherrscht, »weil er ein herrschaftli-

---

[1] Zitiert nach U. Greiwe, Hrsg., Alarmierende Botschaften, München 1974

cheres, nicht mehr knechtisch-magisches Verhältnis zur Natur« hat. Es gibt wenige Kulturen, die sich die Natur so untertan gemacht haben wie die deutsche. Den Chief verehrt man heute als den Urahn. Er wird in bestimmten Kreisen vergöttlicht oder in eine übermenschliche Sphäre entrückt. Sein Alter ist mit der Radiokarbonmethode inzwischen genauer bestimmbar.

Am Ende der politischen Kalksteinzeit wurde der Chief abgelöst von seinem Stellvertreter, der freilich bald einem sakralen Königsmord zum Opfer fiel. Der Sergeant aus Hamburg an der Elbe Auen leitete das sozialdemokratische Biedermeier ein. Auch er überstand einen plötzlichen Loyalitätsverfall nicht. Seither regiert der Big Man aus Oggersheim. Er errang die Macht, indem er einen der zahlreichen Abstammungsmythen beschwor und sich als Enkel des Chiefs ausgab. Der Big Man hat hohen, aber nicht vererbbaren Status. Durch die Mehrung von Abhängigkeiten und Lehnsverhältnissen ist es ihm gelungen, seine Machtposition zu festigen und nahezu unangreifbar zu werden.

Deutschland präsentiert sich momentan als ein geschichteter Großstaat. Wichtig für die politische Kultur ist die Unterscheidung in Bindestrich-Länder wie Nordrhein-Westfalen oder Sachsen-Anhalt und gewachsene Länder wie Thüringen oder Hessen. Die Bindestrich-Länder tun sich schwerer, ihre Identität zu finden. Mit Macht stemmte sich Baden-Württemberg deshalb gegen den Plan, die Ein- und Zweipfennigstücke abzuschaffen. Das Saarland geht mit seiner Saarkohle sehr viel großzügiger um. Hamburg verweist stolz auf seine ethnische Geschlossenheit (»Wes Adern Hamburgs Blut durchrinnt, von fremdem Makel rein«), während die Rheinland-Pfälzer ihre Ratsherren nicht nur im Karneval für Pappnasen halten.

Beim Kampf um die Ratshäuser erleiden grundsätzlich die Hochburgen die größten Einbußen. Die besten Wahlchancen haben die Allrounder unter den Politikern, also solche, die einem Wähler gleichermaßen Auskunft geben können über Gebrauchsmusterschutz, Naherholungsverkehr und Uranvorkommen in Algerien. In den Volksvertretungen werden regelmäßig Fragestunden abgehalten, die man auch Rätselsitzungen nennt.

Durch Meinungsumfragen sollen Wahlergebnisse schon vor ihrem Vorliegen ermittelt werden. Es handelt sich hier um eine spezielle Form der Wahrsagekunst mit eigens geschulten, schamanenartigen Experten. Den größten Ruf hat sich eine Schamanin am Bodensee erworben. Sie macht alle Resultate vorhersagbar, da sie es für ungebührlich hält, gegen den Willen der Mächtigen zu wahrsagen.

Die Parteienlandschaft besteht hauptsächlich aus Kübelpalmen und Gladiolen. Der Weg zur Parteispitze ist lang und beschwerlich und wird als Ochsentour bezeichnet. Viele sagen, die Bundesrepublik sei zu einem Funktionärsstaat verkommen und werde nach dem Motto verwaltet: »Ich kenne keine Deutschen mehr, ich kenne nur noch Parteien«. Die christlichen Parteien verfolgen eine staatstragende Politik, indes die Sozialdemokratie ihrem einzigen Vordenker gemäß noch unentschieden ist, ob sie zu einem Verein von Beamten ab A 13 oder zu einer Subkultur der unteren Klassen gegen die eigenen Kinder werden soll. Die kleineren Parteien, sofern sie die Fünfprozentklausel überspringen, erfüllen politisch begleitende Aufgaben. Die Schuld an Fehlentwicklungen schieben die Großen am liebsten den »Grünen« in die Sandalen. Aus Verzweiflung verschreibt sich die grüne Partei mehr und mehr der Gynäkokratie, also einer mutterrechtlichen Organisation wie in der vorindustriellen Zeit.

Die politische Rhetorik hat einen hohen Stand erreicht. Mancher Redner versteht es, gleichzeitig die Redezeit und die Zuhörer zu erschöpfen. Im Brillantfeuerwerk der Bonner Redekunst wissen die Wähler dann nicht mehr, ob sie mündige Bürger sind oder bündige Würger, mürdige Bündner oder bürgige Mürder. Politisch Interessierte haben gelernt, auf Nuancen zu achten, auf die leichte Verwunderung etwa, die sich in die Stimme eines Politikers mischt, wenn er sich für das ihm ausgesprochene Vertrauen bedankt. Die Überbeanspruchung von Mandatsträgern macht es verständlich, daß längere Debatten in Lallmonologe münden und Zurufe sich auf Einwortsätze beschränken (»Unerhört!«, »Lügner!«, »Schlawiner!«). Eine gewisse Monotonie im politischen Diskurs läßt sich nicht unterdrücken. Nach der parlamentarischen Etikette darf man während einer langweiligen Rede auf die Uhr sehen, sich dieselbe aber nicht ans Ohr halten, um zu prüfen, ob sie stehengeblieben ist. Als Ansporn für gute Redner wird alle vier Jahre der Philipp-Jenninger-Preis für Rhetorik vergeben.

Der politische Alltag wird ausgefüllt von bestimmten Schlagworten, die meist interpretationsbedürftig sind. Unter *Sachzwängen* versteht man die jeweils zweitbeste Lösung. *Gewissensfreiheit* erlaubt das Ignorieren von Expertenmeinungen. *Demonstrationsfreiheit* wird so hoch eingeschätzt, daß Demonstranten die polizeilichen Einsatzkosten abverlangt werden. Die Bundeszentrale für politische Bildung hat das Problem auf den Punkt gebracht: »Wer gegen den Wehrdienst demonstriert, kann nicht für eine Ordnung demonstrieren, in der er nicht mehr demonstrieren darf.«

Kritiker sehen in der politischen Struktur einen Faserverband aus Tierhaaren und Wolle: Filz. Dies ist ein typischer Vorwurf einer Outgroup gegen die Ingroup. Die Ingroup behauptet, Parteispenden würden nur aus Bescheidenheit nicht wie vorgeschrieben im Bundesanzeiger veröffentlicht. Tatsächlich nehmen gute Parteisoldaten lieber eine Vorstrafe in Kauf, als sich parteischäbiges Verhalten nachsagen zu lassen. Im Justemilieu der Bundesrepublik redet man statt von Bestechungsgeldern lieber von *special purpose money*. Aus Diskretion wird der Verwendungszweck mit geheimen Runen (wg.) angedeutet. Politiker können beim Umgang mit öffentlichen Mitteln sehr kleinlich sein. In Wiesbaden legte der höchste Würdenträger dem Haushaltsausschuß die 270.000 Mark für das Appartement seines Kindermädchens in der Dienstvilla unter »*kleinere* Um- und Ausbauarbeiten« vor.

»Es lebe die deutsche demokratische Republik«, hatte es im *Republikanischen Katechismus* von 1848 geheißen. Erst hundert Jahre später durfte diese Proklamation in die Tat umgesetzt werden. Die DDR wurde gegründet, und ihr erster Präsident konnte 1949 erklären: »Wir stehen heute an der Wende der deutschen Geschichte.« Aus Gründen der Verwaltungsvereinfachung waren die vier Landesteile zu nur zweien zusammengefaßt worden.

Die Zweiteilung des Landes erzeugte semantische Probleme. Lange Zeit konnten sich die östliche und die westliche Moiety nicht einigen, ob es Alleinvertretungsanspruch oder Alleinvertretungsanmaßung heißt. Ob man hinter einem antifaschistischen Schutzwall oder vor einer Schandmauer stand. Nicht einmal die Verwendung von Gänsefüßchen war unumstritten. Wer »DDR« schrieb, meinte nämlich D»D«R. Bei einer großen Konferenz entstand ein Streit darüber, ob man den ostdeutschen Delegierten schlicht als Dr. Bohl oder als sogenannten Dr. Bohl zu bezeichnen habe.

Die DDR-Forschung oder Osteologie etablierte sich als Teilgebiet der Anthropologie. DDRologen sahen ihren Untersuchungsgegenstand entweder als abgedrängte alte Randform an oder als ein Isolat, als einen eigenen Kulturraum mit in sich geschlossenem Heirats- und Fortpflanzungskreis. Dieses Isolat wurde durch eine intensive Bevölkerungsbewegung immer wieder aufgebrochen. *Ethnochange* manifestierte sich als Bevölkerungsschwund über die Mauer oder via Ungarn. Der Bevölkerungsumsatz ließ im Westen die Befürchtung einer Ossifikation aufkommen, eines Strukturwandels durch den Zustrom junger, vitaler Kommunisten, die sich freilich rasch assimilierten.

Da wurde in Moskau die Perestroika erfunden. Die DDR als zehntgrößte Handelsnation distanzierte sich sofort von dieser Politik. Wenn ein Nachbar neu tapeziert, sagte das Ostberliner Politbüro, brauche man das nicht gleich nachzumachen. Pankow berief sich auf seinen lächelnden oder weißen Kommunismus, einen Kommunismus mit menschlichem Antlitz. Aus dem Kreml kam Rückendeckung: Im Fall eines Falles werde die Sowjetmacht ihren Satelliten nicht im Stich lassen.

Plötzlich ertönte der Ruf: *Concurrite cives, dilapsa sunt vestra moenia.* Der kalte Krieg war aus. An die Stelle von Mißtrauen und ideologischer Konfrontation traten freundliche Neugier und geduldiges Erzählen von Ossiwitzen. Nur mit dem Ersten Parteisekretär mußte noch abgerechnet werden. Nicht einmal seine Dachdeckerlehre hatte er seinerzeit zu Ende gemacht. Trotzdem ließ man ihn ins selbstgewählte Exil ziehen.

Zwischen alten und neuen Bundesländern

herrschen genau geregelte Über- und Unterordnungsbeziehungen. Die Ossis befinden sich zur Zeit noch in der Omega-Stellung, also ganz weit hinten und unten. Den Vorwurf der Hegemonialisierung kontert Bonn mit dem Argument, vorläufig müsse man den Osten als eine Art Encomienda des Westens behandeln samt Kulturauftrag und Schutzpflicht. Unvoreingenommene Betrachter meinen, das duale System werde vom Prinzip der negativen Reziprozität bestimmt, also vom Nehmen ohne Geben.

Seit dem Fall der Mauer beschränkt sich die Reaktion der Durchschnittswessis auf teilnahmslose Beobachtung der östlichen Landesteile. Niemand möchte die Wiedervereinigung rückgängig machen, aber viele hätten nichts dagegen, wenn sie langsam in Fäulnis überginge.

Wenn Bundesbürger glänzende Augen bekommen, dann nicht aus politischer Begeisterung, sondern weil sie zuviel Schaumwein getrunken haben. Es ist keineswegs bloß die »weiche, grüne Masse der Lehrer und Studenten«, die mit den politischen Zuständen unzufrieden ist. Die Bereitschaft, den *contrat social* zu erfüllen, hat allseits nachgelassen. Nur in besonders gelagerten Fällen läßt sich noch spontanes staatsbürgerliches Interesse wecken. Als ein politisches Magazin eine Sendung über Dioxan im Haarshampoo brachte, gingen 70.000 Zuschriften ein.

Eine überzeugende politische Zielvorstellung gibt es nicht mehr. Karl Marx hatte den Deutschen noch eine rosige Zukunft ausgemalt. In der kommunistischen Gesellschaft der Zukunft würde es möglich sein, »heute dies, morgen jenes zu tun, morgens zu jagen, nachmittags zu fischen, abends Viehzucht zu treiben, nach dem Essen zu kritisieren, wie ich gerade Lust habe, ohne je Jäger, Fischer, Hirt oder Kritiker zu werden«. Neueren utopischen Entwürfen ist mit der Einfachheit die Überzeugungskraft abhanden gekommen. Einer der größten deutschen Publikumsverlage ließ in dem Sammelband *Neue Wege und Ziele* (1990) eine mit Fremdwörtern gespickte Utopie entwerfen, nämlich »eine informationsreiche, dezentralisierte und doch globale Gesellschaft mit multipler Option, basierend auf den Fundamenten Hochtechnologie, hohes Kontaktbedürfnis, Netzstrukturen, partizipatorische Demokratie und – Selbsthilfe«. Da fehlte nur noch der mittelscharfe Senf.

Nationale Symbole vergangener Tage haben ausgedient. Die Zipfelmütze des deutschen Michel wird von der nachwachsenden Generation schwerlich für eine Kopfbedeckung gehalten. Unsicherheit herrscht, was die eigene Stärke anlangt. Ist Deutschland schon wieder zur Weltmacht aufgestiegen, oder wird der Staat gerade von seinen Beamten gefressen. Ungeklärte Fragen wie diese mehren die Politikverdrossenheit der Wähler, obwohl das tiefere Problem in der Wählerverdrossenheit der Politiker liegt.

Hatten sich schon wieder Weimarer Zustände eingeschlichen? Die Gleichsetzung von Bonn mit Weimar beruhte auf einem Zufall. Beide

Städte hatten jahrelang mit 5300 dieselbe Postleitzahl. Mit der Reform des Postleitzahlensystems im Jahre 1993 fiel die Vergleichsmöglichkeit weg.

Bestehen blieb der Affekt gegen die provisorische Bundeshauptstadt. Die Los-von-Bonn-Bewegung wollte Regierung und Parlament wieder nach Berlin verlegen. Die Forderung, Berlin müsse Modell einer modernen Großstadt werden, wurde prompt eingelöst mit Krawallen in Kreuzberg und Neukölln und Straßenschlachten mit der Polizei. Eine Komplikation könnte auftreten, wenn Berlin sich als ungeeignet erwiese, nachdem Bonn geschleift wurde. Dann würde sich die Geschichte wiederholen. Im Mittelalter hatte Deutschland überhaupt keine Hauptstadt, brauchte auch keine. Der Herrscher regierte im Umherziehen.

Wirtschaftsgebaren

Innerhalb der Gesamtgesellschaft herrscht der Primat der Ökonomie, der Alltag wird von einem Nationalismus des Bruttosozialprodukts bestimmt. Das heißt, der Staat greift immer dann in den Kapitalverwertungsprozeß ein, wenn die Lichter auszugehen drohen. Das wichtigste Ziel besteht darin, den Geldfluß am Laufen zu halten. Nichts fürchten die staatlichen Organe mehr als eine Investitionsverweigerung der Unternehmerschaft.

Geld ist das monetäre Moment ökonomischer Rationalität, die Deutschmark der *prime mover*, das bewegende Element. Ethische Vorstellungen sind *secondary features*. Die im Umlauf befindliche Geldmenge vermehrte sich in der Nachkriegszeit logarithmisch. Bei einem durchschnittlichen Erbfall sind um die 200.000 Mark im Spiel, bis zur Jahrtausendwende wird sich das ererbte Vermögen auf 2000 Milliarden Mark erhöhen. Trotzdem kämen die meisten auch mit mehr aus. Die Lebenshaltungskosten liegen nämlich konstant ein Viertel über dem Gesamtverdienst, und die Verschuldungsbombe tickt.

Nicht alle Gewerbetreibenden sind in der Lage, die Grenze zwischen Geldhochmut und freiem Handelsgeist zu erkennen. Das Wirtschaftsleben trägt noch wildbeuterische Züge, die in periodischen Abständen durch *Give-away*-Zeremonien abgemildert werden, sogenannte Schlußverkäufe. Fürsorgegeld, Sozialrente und Lotto haben sich als Geruchsverschluß am kapitalistischen Darmausgang bewährt.

Geldverdienen zählt zu den Besessenheitsphänomenen. Auf Gelderwerb zu sinnen ist eine große, sinngebende, branchenübergreifende und identitätsstiftende Aktivität. An den betriebswirtschaftlichen Fakultäten sind Institute entstanden, die sich ausschließlich mit dem Problem befassen, wie sich dieser Identitätsgewinn quantifizieren läßt. Am einfachsten ist eine entsprechende Meßzahl in den Supermärkten und Kaufhallen zu ermitteln. Nach amerikanischem Vorbild errechnet sich der Verkaufserfolg aus dem Warenwert pro Verkaufsfläche. Verkaufte Ware im Wert von 200 Mark pro Quadratmeter dürfte inzwischen zu einer eher durchschnittlichen Identität verhelfen, eine Festigung des Ich entsteht bei 300 bis 350 Mark, Urvertrauen ab 500 Mark.

Die Identitätsfindung über den wirtschaftlichen Erfolg wird für unverzichtbar gehalten, da in der Postmoderne nicht nur der Arbeiter, sondern auch der Unternehmer seinem Produkt entfremdet ist. Früher konnte ein selbständiger Schlachter den Kopf und die Füße eines Tieres an die Lichtermacher und Seifensieder, die Klauen an die Kammacher, die Knochen zwecks Düngerherstellung an die Knochenmühlen, das Blut an die Zuckerraffinerien oder an die Färber von Berliner Blau und die Borsten an die Bürstenbinder verkaufen. Die Verengung des Marktes und der drastische Rückgang des Schweinefettkonsums haben eine neue Situation geschaffen. Gerade bei Industriemetzgern – übrigens auch bei Kürschnern – haben sich Identitätszweifel und voll ausgebildete Neurosen eingestellt.

Die Schweinefettproduktion im Lande ist heute etwa so bedeutend wie die Herstellung von Nähmaschinenöl oder die Streichholzindustrie. Das Nachlassen des Konsums konnte nicht einmal durch aufwendige Werbekampagnen aufgefangen werden. Die Belieferung der Schmalzbrottheater in den größeren Städten hatte in den fünfziger Jahren einen kurzen Aufschwung gebracht, doch sahen sich zahlreiche Schweinefetthersteller bald gezwungen, ihre Produktion auf Waschmittel umzustellen. Der Waschmittelvielfalt wurde innerhalb der freien und sozialen Marktwirtschaft besondere Bedeutung beigemessen. Es gehe nicht an, mahnte der als Sergeant bekannte Kanzler, »nur das Waschmittel X zu verkaufen, weil alle übrigen Waschmittel von der staatlichen Planung als überflüssig abgeschafft worden sind«. Kritische Verbraucher vertrauen ihre Wäsche fast nur noch Experten an. Die Werbung muß darauf Rücksicht nehmen und statt leerer Sprüche echten Expertenrat anbieten (»Der Sechzig-Grad-Experte von Ariel wäscht Ei, Blut und Kakao«). Zu einer Wachstumsbranche hat sich die Trüffelhobelfabrikation ausgewachsen, seitdem die Wochenzeitung *Die Zeit* ihren Lesern nahelegte: »Der Trüffelhobel sollte in keiner besseren Küche fehlen.« Kläglich gescheitert ist dagegen der Versuch, das afrikanische Dikabrot – die sogenannte Gabunschokolade – zu einem weltweiten Megabrand auszubauen.

In der sozialen Wirklichkeit liegen zwei Wirtschaftsprinzipien miteinander im Widerstreit. Einmal die historisch gewachsene Sozialpflichtigkeit des Eigentums, zum andern der öffentlich legitimierte Grundsatz, daß die Besitzstandwahrung vor der Gerechtigkeit rangiert. »Schmiede deinen Nächsten, solange er noch warm ist«, heißt die Devise. Der Anspruch auf eine gültige Wirtschaftsethik ist mit diesem modifizierten Christentum freilich nicht verknüpft. Um die Ausformulierung einer praktikablen Wirtschaftsethik haben sich in den letzten Jahren die »Stiftungen« großer Industriekonzerne und Automobilfirmen verdient gemacht. Auf deren Seminaren ging es zunächst einmal um das Erlernen von Taktgefühl. Deshalb wurden ethische Fragen im Zusammenhang mit der Rüstungsproduktion oder einem Tempolimit auf Autobahnen ausgeklammert. Der erste Lehrstuhl für Wirtschaftsethik ist für die Universität Eichstätt geplant, weil keiner genau weiß, wo diese liegt.

Eine gewaltige Herausforderung liegt in der Erforschung des Etikettenschwindels. Die mit *Made in Taiwan* bezeichneten Waren kommen meist aus der Oberlausitz.

Wirtschaftsethische Überlegungen spielen bei

der Humanisierung des Arbeitsplatzes eine Rolle. Als international vorbildlich gilt eine Regelung bei einem deutsch-amerikanischen Autohersteller. Dort wird vormittags und nachmittags am Fließband eine Lücke von zehn Fahrzeugen gelassen, damit die Arbeiter in Ruhe austreten können. Automatisierung und Computerisierung werden wieder behutsamer gehandhabt, weil man die dehumanisierenden Folgen scheut. Die *Bremer Morgenpost* warnte vor High-Tech in der Druckindustrie: »Dem Menschen bleiben dann nur noch Verrichtungen, die auch Sekretärinnen und Hilfskräfte leisten können.«

Deutsche Arbeiter werden generell als die am meisten verwöhnten Europas angesehen. Schlägt der Finanzminister eine Streichung der Schlechtwetterzulage im Baugewerbe vor, muß er sich den Vorwurf einer unzulässigen Klimabeeinflussung gefallen lassen. Bei Tarifverhandlungen spielt die Ranghierarchie eine Rolle, doch handelt es sich bei den besonders nachts ausgetragenen Gefechten um zeremonielle Opferkämpfe mit rituell entschärften Drohgebärden und typischem Imponiergehabe. Jeweils am 1. Mai kommt es gegen die Arbeitgeber zu einer rituellen Rebellion, die als Scheinkampf gedacht ist.

Die Gewerkschaften sind argwöhnisch darauf bedacht, sich ihre Unabhängigkeit zu bewahren. Nach einer Urabstimmung trifft die Gewerkschaftsführung ihre Entscheidung unabhängig vom Ausgang der Abstimmung. Ein Sippenführer mit dem populären Beinamen »der rote Jochen« sagte einmal: »Das Proletariat in den modernen Industriestaaten weiß sehr wohl, daß es mehr zu verlieren hat als seine Ketten. Für revolutionäre Gymnastik, für soziale Bewegung um der Bewegung willen, die nicht mehr ist als Hüpfen auf der Stelle, ist kein Bedarf.« Die hier als Proletariat bezeichnete Bevölkerungsschicht kann auf Verständnis und Entgegenkommen rechnen wie nie zuvor. Der einflußreichste Musikkritiker des Landes, ein Kulturheros, wenn es je einen gegeben hat, bekannte öffentlich: »Ich hab gar nichts gegen Massen.«

In einer ethischen Enklave angesiedelt ist das Bankwesen. Diese Sonderstellung wird von der Mehrheit geduldet. Sogar das aufsehenerregende Herumfuchteln der Devisenhändler stößt auf Nachsicht, denn man bedenkt, daß einer dieser Herren an einem guten Tag seinem Haus einen zweistelligen Millionenbetrag erwirtschaften kann. Nach allgemeiner Auffassung gehören Geldwaschanlagen zum Bankwesen wie harte Eier zum Wandertag. Es hätte auch wenig Sinn, eine Großbank zum Verkauf ihrer Automobilaktien zu bewegen. Bei einer solchen Transaktion würde der Kurs nur nachbörslich abbröckeln, es käme zu einem gewaltigen Krach, und den Schaden hätten vor allem die Kleinaktionäre.[1] Die Börse reagiert sensibel auf aktuelle Entwicklungen, der Aktienindex (DAX) steigt

---

[1] Joachim Steffen, Strukturelle Revolution. Von der Wertlosigkeit der Sachen, Reinbek 1974

und fällt mit den Rocksäumen der Damenmode.

Die Geldinstitute sind durchaus bereit, sich auch mal über die alte Bankiersweisheit hinwegzusetzen, daß jede Gefälligkeit sich rächt. Bei den meisten Banken, die das Jahr über vom Elend der Welt leben, dürfen zu Weihnachten Spenden für die Sterbenden der Welt eingezahlt werden.

Das Erwerbsleben soll dem Leistungsprinzip unterliegen, doch ist eine Beziehung zwischen steigenden Gehältern und erbrachten Leistungen im oberen Management für uns nicht erkennbar gewesen. Gerade unter leitenden Angestellten macht sich als Korrelat zu dem bekannteren *Peter Principle* das Paul-Prinzip bemerkbar. Dem Peter-Prinzip zufolge erreicht ein Arbeitnehmer die höchste Stufe der Inkompetenz durch Beförderung. Unter dem Paul-Prinzip ist der Arbeitnehmer bei Arbeitsantritt durchaus kompetent und willig; Inkompetenz und Schlendrian stellen sich nach und nach durch Abnutzung ein. Durch das soziale Trägheitsmoment bleiben Menschen in der Klasse, die nicht mehr ihrer Leistung entspricht.

Der allgemeine Wohlstand ist zu einem guten Teil den Doppel- und Dreifachverdienern zu danken. Nehmen wir den nicht untypischen Fall eines Miets- und Geschäftshausbesitzers, der sich eine Weltreise nur leisten kann, weil er nebenbei als beratender Architekt tätig ist und seine Frau fremden Kindern Flötenunterricht auf selbstgebastelten Instrumenten erteilt. Deutschen Fleiß demonstrieren gutverdienende Ärzte und Notare, die sich gegenseitig die Ehefrauen auf die Gehaltsliste setzen. Ein Rechtsanwalt, der es ein bißchen geschickt anstellt und den Streitwert hoch genug ansetzt, kann an einem Nachmittag 50.000 Mark verdienen. Das Argument, solche Einkommensunterschiede deuteten darauf hin, daß an einer Gesellschaft etwas faul ist, läßt sich leicht widerlegen. In England wird der Herzog von Westminster *stündlich* um umgerechnet 10.000 Mark reicher. Dies ließ einen Angehörigen des christlichen Adels deutscher Nation nicht ruhen. Bei der Abwicklung eines Konkurses in der DDR (Ex) verdiente ein süddeutscher Baron binnen einer guten Woche über 12 Millionen Mark.

Arbeitslosigkeit existiert, doch konnte der Konfrontationsstil (»Gehalt bis zum Fünfzehnten, Urlaub sofort!«) abgebaut werden. Arbeitslose Akademiker stellen kein Problem dar, weil sich ihre Zahl mit einem relativ einfachen Mittel verringern läßt. Ein arbeitsloser Lehrer, der sich als Taxifahrer verdingt, gilt nicht als arbeitsloser Lehrer, sondern als arbeitsloser Taxifahrer, wenn er diesen Job ebenfalls verliert. Zur Belebung strukturschwacher Gebiete werden auch unkonventionelle Wege beschritten. Ein Subunternehmer, der beim Bau eines Großflughafens einer kroatischen Putzfrau einen Stundenlohn von DM 2,50 gezahlt hatte, setzte sich nach Begleichung einer hohen Geldstrafe nach Norddeutschland ab und baute dort ein dichtes Netz von Schwarzarbeitern auf.

Obwohl das Steuerrecht über die Jahre hinweg komplizierter geworden ist, wird es von der Mehrzahl gemeistert. Es mag Steuerpflichtige geben, die aussehen, als könnten sie nicht bis 7b zählen, und doch gehen sie souverän mit der Kapitalertragsausstellungsbescheinigung um; wissen genauestens Bescheid über witterungsbedingte Lohnausfälle im hessischen Dachdeckerhandwerk oder über den Bismarckhering als medizinisch anerkannte Schonkost.

Schon die berühmte Frage von Helmut Kardinal Ruge (»Wie haltet Ihr's mit der Marktwirtschaft?«) läßt erahnen, daß das Finanzjahr eng dem Kirchenjahr folgt. Am Bußtag fällt den Bürgern gewöhnlich ihre Steuerschuld ein. Bis zum Aschermittwoch sind sie damit beschäftigt, ihre Einkünfte zusammenzustellen, Belege zu numerieren und Abschreibungsmöglichkeiten zu erkunden. Mit dem endgültigen Ausfüllen der Formulare warten die Klügsten bis zum Pfingstfest, weil sie da kraft der Erleuchtung mit Werbungskosten und Sonderausgaben besser zurechtkommen als an gewöhnlichen Tagen. Pausch-, Frei und absolute Höchstbeträge geben ihnen dann keine Rätsel mehr auf. Einzelnachweise von Bewirtungskosten und Zehrgeldern, Beiträge an Berufsverbände und die Berechnung der Fahrtkosten zwischen Wohnung und Arbeitsstätte gehen zügig von der Hand. Kurz, an Pfingsten wird die Steuererklärungspflicht nicht zur außergewöhnlichen Belastung.

Spätestens zum Erntedankfest kann der Steuerzahler mit einer feinen Rückerstattung rechnen.

Praktisch seit Bestehen der Bundesrepublik ist während verschiedener Legislaturperioden versucht worden, eine Steuerreform ins Werk zu setzen. Die Parlamentarier haben jedoch von einer umfassenderen Novellierung Abstand genommen, nachdem der für sein *investigative reporting* bekannte *Rheinische Merkur* enthüllt hatte, daß Steuerreformpläne mit sozialer Gerechtigkeit nichts zu tun haben: »Im Gegenteil: Dahinter steckt nichts anderes als der Wunsch nach zusätzlicher Einkommensverteilung.«

Die ökonomischen Bande zwischen den östlichen und den westlichen Landesteilen sind auch in schwerer Zeit nie ganz abgerissen. Gleichsam im Vorgriff auf den Umtausch von Ostfleppen gegen harte D-Mark im Verhältnis 1:1 verlangten ostzonale Handwerker schon vor der Wiedervereinigung ihren Lohn halb in Ost-, halb in Westmark. Die BRD exportierte gegen Devisen Kloake und Müll nach drüben, im Gegenzug entsorgte die DDR Sara Kirsch, Manfred Krug und Thomas Brasch.

Ausgezehrte, aber glückliche ostdeutsche Bürger beim Währungsumtausch 1:1

Wie es um die Wirtschaft der DDR letztlich stand, ist nicht mehr genau zu ermitteln. Die Osteometrie lieferte nur unzuverlässige Wirtschaftsdaten, die Medien gaben sich einem unkritischen Verlautbarungsjournalismus hin. In den westdeutschen Nachrichten waren täglich Schreckensmeldungen über Inflation und bevorstehende Konjunktureinbrüche zu hören, während die DDR ihre aufblühende Volkswirtschaft rühmte. Am besten funktionierte der Intershopkommunismus, während sich in der Landwirtschaft eine Form der Vergesellschaftung durchgesetzt hatte, die bei Marx die asiatische Produktionsweise hieß. Kompliziert wurde die Situation durch das Festhalten Berlins an der Oasenwirtschaft.

Nach dem Fall der Mauer lobte der Westen ein Begrüßungsgeld aus. Es sollte eine Demutshaltung auf pekuniärer Grundlage hervorrufen. Nach der Flucht des Ersten Parteisekretärs konnte die östliche Moiety als herrenlose Sache betrachtet und behandelt werden. Als ersten Schritt löste man die sozialistischen Wartegemeinschaften auf. Anschließend wurden die wichtigsten Industriebetriebe abgewickelt, Arbeiter entlassen und frühere Stasimänner neu eingestellt.

Trotzdem wollte das Wirtschaftsleben nicht recht in Schwung kommen. Das lag daran, daß die Neufünfländer, wie sie manchmal genannt werden, Freiheit *und* Sozialismus verlangten. Sie gemahnten in ihrer Erwartungshaltung an die Cargo-Kulte Melanesiens, so sehr sehnten sie sich Konsumgüter und einen paradiesischen Zustand herbei.[2] Der Westen verfolgte die Entwicklung anfangs eher amüsiert. Auf ein zweites Wirtschaftswunder angesprochen, hielten Wessis den Ossis entgegen: »Wirtschaften tun wir, ihr dürft euch bloß wundern.« Unmut lösten erst die hohen Kosten aus, die die Brüder und Schwestern im anderen Teil Deutschlands verursachten. Manch einem war der alte Zwangsumtausch plötzlich sympathischer als die neue Zwangsanleihe.

Langfristig wird es zu einer Angleichung der Lebensverhältnisse zwischen alten und neuen Bundesländern kommen. Aber nicht unbedingt in der erwarteten Richtung.

Unter der Mehrwert versteht man den Unterschied zwischen Arbeitswert und Marktwert des Bruttosozialprodukts. Wird er zu groß, steigt er über den Konsumbedarf. Die Wirtschaft, ursprünglich eine Bedarfsdeckungswirtschaft, befindet sich seit langem im Übergang zu den *needless needs*. Die Schwellenangst beim Juwelier ist bereits abgebaut worden. Eine weitere Belebung verspricht man sich von der Privatisierung zentraler Einrichtungen. In ostdeutschen Städten sind die öffentlichen Toiletten unter großem Zuspruch privatisiert worden.

In den High-Tech-Industrien hat Deutschland den Anschluß an die Weltspitze verloren. Eine der größten deutschen Firmen hat die Entwick-

---

2 J. C. Jarvie, »On the Explanation of Cargo Cults«, in: Archives Européennes de Sociologie, 7, 1966

lung des 64-Mega-Chips kampflos den Japanern überlassen. Im Bereich von Middle-Tech – also etwa Kartoffelchips statt Mikrochips – gehen die Geschäfte noch gut. Gleichwohl ist Unterbeschäftigung eine Gefahr. Zur Minderung der Arbeitslosigkeit sollen weibliche Erwerbstätige dazu überredet werden, sich wieder mehr reproduktiven Aufgaben zuzuwenden und unbezahlte, aber gesellschaftlich notwendige Aufgaben zu übernehmen. Eine andere Strategie will die demographische Entwicklung nutzen. Deutschland ist das Land mit den ältesten Studenten und den jüngsten Rentnern. Brächte man diese beiden Populationen noch enger zusammen, erledigte sich das Problem der Arbeitslosigkeit von selbst. Auf diese Weise ließe sich gleichzeitig die Rentenkrise in den Griff bekommen, denn Angehörige aller Parteien haben ihren Abscheu vor einer Altentötung bekundet.

Eine parteiübergreifende Strukturkommission hat sich Gedanken darüber gemacht, wie eine Konjunkturbelebung mit ungewöhnlichen Maßnahmen möglich sein könnte, und ist dabei auf einen indianischen Steuerungsmechanismus gestoßen, den Potlatsch. Jeder ethnologisch Interessierte kennt den Potlatsch als ein Fest im amerikanischen Nordwesten, in dessen Verlauf ein Stammeshäuptling scheinbar mutwillig seine Besitztümer zerstört. Er zerreißt seine Decken, zertritt seine Kürbisse, schleudert wertvolle Kupferplatten in die Küstengewässer. Auf dem Höhepunkt des Festes übergießt er sein Zelt mit Öl und zündet es an. Stammesmitglieder, die sich nicht lumpen lassen wollen, müssen bald darauf ein Fest geben und sich mit einer mindestens ebenso umfangreichen Gütervernichtung revanchieren.

Rudimentäre Formen des Potlatsch kennt auch der abendländische Kulturkreis: Man denke an kalte Büffets oder Massenunfälle auf der Autobahn. Der Strukturkommission ging es nun darum, die rudimentären Formen auszugestalten und den Potlatsch quasi zu institutionalisieren. Es müßte zum gute Ton gehören, sagte der Kommissionsvorsitzende, ab und zu heißen Tee in sein Fernsehgerät zu gießen, Salzsäure in die volle Waschmaschine und Katzenpisse auf die Teppiche im Flur. Der konjunkturbewußte Bürger müßte, schlicht gesagt, Konsumgüter und andere Habseligkeiten systematischer und regelmäßiger vernichten.

Der Konsument ist lenkbar und flexibel, vergleichbar einer alten Viola di Bordone. Sie wird vorn gestrichen und hinten gezupft. Die freie Marktwirtschaft belohnt den ausgabefreudigen Konsumenten und erwirbt dadurch sein Vertrauen. Ermutigend wirken Aufstiegschancen und die Durchlässigkeit der Klassen. Gewerkschaftsbosse fliegen in der Business Class. Die Aussichten für einen dauerhaften sozialen Frieden sind nicht schlecht. Die Beamten haben nichts, aber das sicher. Die Gehaltbereitschaft der übrigen Erwerbstätigen ist groß, doch ist es den Politikern bisher gelungen, die Tarifparteien bei Lohnabschlüssen zur Mäßigung anzuhalten. Es ist in all den Jahren noch nie vorgekommen, daß die Arbeitgeber ein überzogenes Angebot gemacht hätten.

Verkehrssystem

Von einem System kann man nur bedingt sprechen. Aber gerade weil der Verkehr unsystematisch abläuft, kommt ihm eine beträchtliche wirtschaftspolitische Bedeutung zu. Jeder sechste Arbeitsplatz hängt an der Produktion von Automobilen, wobei Heilgymnasten und Sargtischler noch nicht eingerechnet sind. Unfälle sind indirekte ABM-Maßnahmen für Leitplankenhersteller und andere Branchen. Das wirtschaftliche Gewicht der Autoproduktion und deren rüstungstechnische Ersatzfunktion hat nach dem Zerfall der Sowjetunion eher noch zugenommen. Mit Bedacht werden die Bedienungs- und Kontrollanzeigen im Blickfeld des Fahrers als »Armaturen« bezeichnet, was so viel heißt wie Bewaffnung oder Kriegsgerät.[1] Nicht ganz zufällig war die Organisation Todt seinerzeit zuständig für Autobahnbau und Rüstung.

Nach den Erkenntnissen eines Löwenicher Ethnopsychologen dient die »automobilistische Hochrüstung« weniger dem Personen- oder Gütertransport als der Regulation des Selbstgefühls der Fahrer. Autolenker sind besonders rasch gekränkt. Durch das Aufrollen einer Fahrzeugschlange, ein riskantes Überholmanöver oder

---

[1] lat. *armatura*

oft nur durch das mißbräuchliche Geben von Schallzeichen läßt sich diese Kränkung neutralisieren und das wiederherstellen, was Stavros Mentzos die narzißtische Homöostase genannt hat. Das innere seelische Gleichgewicht verlangt, daß eine etwaige Untermotorisierung ausgeglichen wird. Da hohe PS-Zahlen und das damit verbundene Schnellfahren therapeutisch gemeint sind und narzißtische Kränkungen und Amputationen vergessen machen sollen, werden überhöhte Geschwindigkeiten und deren Folgen nicht als irrational, sondern als zweckgerichtet verstanden. Für den Außenstehenden ist dieser Mechanismus zunächst nicht begreifbar, für die seelisch Erkrankten sehr wohl. So konnte ein ehemaliger Wirtschaftsminister in der Zeitschrift *auto motor und sport* versichern: »Es sind ja gar nicht die Raser, die so schnell fahren.« Eine im Rahmen seines Erfahrungshorizonts glaubwürdige Einlassung.

Einer der wichtigsten Begriffe zum Verständnis des Verkehrsgeschehens ist der Stau. Der Autofahrer ist binnen einer Generation an Staus gewöhnt worden und möchte sie in seinem Zeitbudget nicht mehr missen. 55 Prozent verbringen die Deutschen mit Wachen, 40 Prozent mit Schlafen, 5 Prozent vergehen beim Warten auf die Weiterfahrt am Brenner. Die Autobahn bei Merklingen am Aichelberg und an anderen markanten Stellen gräbt man immer wieder auf und hält sie in einem unfertigen Zustand, um das Staubedürfnis des mobilen Teils der Bevölkerung zu stillen. Der Deutsche sucht den Stau und weiß ihn selbst unter erschwerten Bedingungen herbeizuführen. Als die deutsche Weinstraße eines Sonntags für Autos gesperrt wurde, bildeten sich sofort Fahrräderstaus, die sich so langsam auflösten, daß die Radfahrer um die Ortschaften herumgeleitet werden mußten.

Der Stau dient funktionell dem Kräftesammeln und dem Aufbauen von Aggressivität. Zum gegenwärtigen Zeitpunkt ist noch nicht abzusehen, ob die Judikative den Versuch, sich aus einem Stau freizuschießen, sanktionieren wird, doch bevorzugt sie in der Regel den fließenden vor dem stehenden Verkehr.

Nach wie vor gilt ein Wort Walthers von der Vogelweide: »gewalt ist uf der strasse.« Alle dreizehn Sekunden passiert ein Unfall, ein in der juristischen Definition »unabwendbares Ereignis«. Obwohl es kein System im Verkehr gibt, gibt es eine sorgfältig geführte Verkehrsunfallstatistik. Durch Ausreizung der Höchstlenkzeiten sind die Tage ohne Busunglück gezählt. Verkehrswege heißen zutreffend Verkehrsadern; in ihnen fließt Blut. Zu den meisten tödlichen Verkehrsunfällen kommt es statistisch gesehen bei lebhaftem Schneetreiben. Objektiv ist der Tod auf Bundesstraßen und Autobahnen aufgrund der hohen Geschwindigkeiten als natürlicher Tod anzusehen. Die Temposucht erfaßt selbst die helfenden und heilenden Berufe. Im Rhein-Main-Gebiet überfuhr der Notarztwagen einen Mann, dem eigentlich anders hätte geholfen werden sollen. Die Viktimisierung der Radfahrer durch ungeübte ostdeutsche Autolenker läßt sich nicht wegdiskutieren, doch neigt die Bevölkerung dazu, den Verkehrstod entweder zu verniedlichen (»der isch undr a Hanomägle neikomma«) oder längere Autofahrten als Überlebenstraining aufzufassen.

Zur Vermeidung von Staus und zur Verhütung von Unfällen sind Verkehrsleitsysteme geplant. Mit der Aufstellung von Windsäcken wurde bereits ein erster Schritt in die Richtung

Sinn für die Realitäten auf deutschen Straßen stellte der *Friesländer Bote* unter Beweis, als er am 28. April 1992 einen Artikel über Motorradfahren mit der Anzeige eines Bestattungsunternehmers auflockerte.

eines modernen Signalsystems getan. Für beliebte Zielorte wie Riccione oder Càorle ist sogar ein elektronischer Aufmarschplan erstellt worden.

Da die nachlassende Sehkraft älterer Bürger eine häufige Unfallursache ist und nicht wenige mit der Lesebrille hinter dem Steuer ertappt worden sind, werden Senioren optisch geschliffene Windschutzscheiben vorgeschrieben.

Kritiker dieser und ähnlicher Maßnahmen glauben, diese würden nichts bewirken, denn die Deutschen seien nun mal das Volk der Raser und Drängler und hätten das Armaturenbrett gewissermaßen vorm Kopf. Sie plädieren dafür, die verstopften Straßen und Autobahnen dadurch zu entlasten, daß nach militärischem Vorbild nur noch mit einem Fahrbefehl gefahren werden darf. Zu diesem Behufe müßte ein Bundesschirrmeister ernannt werden. Wer kein Fahrziel anzugeben weiß und keinen begründeten Antrag formulieren kann, weil er nur irgendwohin fahren will, um Kaffee zu trinken oder einfach zu starren, der müßte seinen Wagen in der Garage lassen. Autofahren als egozentrisches Zeittotschlagen, wie es der früher zitierte Kollege interpretiert, würde dann entfallen.

Die Lärmbekämpfungsliga will neuerdings so auftreten, daß ihre Forderungen nicht mehr überhört werden können, doch gibt es zum Autoverkehr kaum Alternativen. Die öffentlichen Verkehrsmittel in den Städten sind bereits zu 140 Prozent ausgelastet. Problematisch ist die Verlagerung auf die Schiene. Den Vorstellungen

Friedrich Lists zufolge sollte die Eisenbahn »ein fester Gürtel um die Lenden der deutschen Nation« sein. Doch mußte dieser Gürtel im Laufe der Jahre immer enger geschnallt werden. Die Verdieselung der Bundesbahn hat nicht den erhofften Aufschwung gebracht. Die Reichsbahn der Ex-DDR will etliche ausgemusterte Dampfloks wieder in Betrieb nehmen, damit wenigstens diese Schornsteine rauchen.

Die Bundesbahn hat zwar einige elegante Vorzeigestrecken, doch auf dem flachen Lande ist das Fortkommen mit dem Zug mehr als unbequem. Wie oft ist es uns auf Provinzbahnhöfen passiert, daß wir den Schlüssel zum Klo beim Bahnhofsvorsteher holen mußten und uns in dringenden Fällen geraten wurde, direkt bei der Bundesbahndirektion in Frankfurt vorzusprechen!

Die deutsche Intelligenz war mit großen Erwartungen an die Erfindung der Eisenbahn herangetreten. Durch sie würden »Kriege ganz unmöglich«, hatte Ludwig Börne aus nicht mehr rekonstruierbaren Gründen erklärt. Allmählich machte sich Ernüchterung breit. Bismarck klagte über zu kurz angebundene Schaffner. Frank Wedekind quittierte Zusammenstöße mit Zynismus (»Setzt es manchmal ein paar Tote/ großer Gott wer kann dafür«), und Bert Brecht bewies mit der Zugtoilette den Defätismus seiner Landsleute (»sie [expletive deleted] auf Deutschland«).

»Das jüngste Kind des Verkehrs wickelt sich in den Lüften ab«, heißt es in einem Schulaufsatz. Anders als die Eisenbahn wurde die Luftfahrt anfangs mit Skepsis beäugt. Werner Sombart fand 1913, das Fliegen sei zu nichts weiter gut, als »ein paar Schlossergesellen zu reichen Leuten zu machen«. Die Psychoanalyse stellte die Hypothese auf, Flugträume seien Erektionsträume. Kein Gedanke! Die Realität war anders, mußte Theodor W. Adorno enttäuscht feststellen, denn bei einem Flug in einen großen Passagiermaschine »wird man nicht seiner selbst als des Fliegenden inne«.

Nach dem Morgenthauplan sollte es keine deutschen Piloten mehr geben, nicht einmal Bodenpersonal. 50 Jahre später sind die Kapazitätsgrenzen fast erreicht. Der neu erbaute Flughafen Schalck-Golodkowski in München-Erding ist schon wieder zu klein geworden.

Das Flugzeug ist statistisch gesehen das sicherste Verkehrsmittel. Nur die erfahrensten Piloten stürzen ab. Wesentlich gefährlicher ist der motorisierte Individualverkehr. Am stärksten sind die Fußgänger gefährdet. Die Übergangsriten an den Zebrastreifen sind und bleiben ein riskantes Manöver. Die Bevölkerung hat sich damit abgefunden, daß sich die Verkehrsgewohnheiten auch auf lange Sicht nicht ändern lassen. Selbst die Appelle an das Umweltschutzbewußtsein verpuffen im wörtlichen Sinne. Als nach einem Großversuch »Tempo 100« der Zusammenhang zwischen gedrosselter Geschwindigkeit und Schadstoffreduzierung einwandfrei erwiesen war, gab man das Tempo wieder frei.

Forscht man tiefer und legt die phylogenetischen Ursprünge der Verkehrsmisere bloß, wird man sagen müssen, daß die Germanen den Übergang von der gleitenden zur rollenden Reibung nie verkraftet und ihre Nachfahren nicht viel dazugelernt haben.

Militärwesen

Ein nationaler Mythos verlegt den Beginn der deutschen Geschichte auf das Jahr, als die Germanen ihre Feinde in Zülpich bei Bonn böse zusammenhauten. Deutsche Männer hatten die Weltbühne als Krieger betreten, Frauen ihnen durch Vorhalten der Brüste Beistand geleistet.

Das nachfolgende Weihekriegertum verlangte, daß Kriegsleut auch im Frieden zur Erhaltung des Geschlechtsheils vorhanden waren. Freudig eilten hoch und niedrig in der Vergangenheit zu den Waffen. Manfred von Richthofen, Freiherr und Kampfflieger, erinnerte sich nur zu gerne daran, welch »unheimlichen Spaß« es ihm im Ersten Weltkrieg machte, die lookdown-shootdown-Taktik einzuführen und über Rußland »die Brüder da unten zu bepflastern«. Der Rote Baron fand sogar noch Zeit für kulturvergleichende Studien: *Wir machen noch einige Umwege und suchen Truppenlager, denn das macht besonderen Spaß, die Herren da unten mit Maschinengewehren zu beunruhigen. Solche halbwilden Völkerstämme wie die Asiaten haben noch viel mehr Angst als die gebildeten Engländer.*

Der deutsche Soldat hat sich durch verschiedene Embleme hindurchgekämpft, er hat Slogans wie *Pro Gloria et Patria, Virtus Cuncta Domat, Numquam retrorsum* oder andere Produkte der blechernen Latinität erprobt und überwunden und einheimischen Lemmas den Vorzug gegeben: für Königin und Reich; ganz oder gar nicht; ein Reich, ein Volk, ein Verlierer...

Und dann – plötzlich – der Zustand völliger Ehr- und Wehrlosigkeit. Die Kriegerwitwen standen da mit einer Schachtel voller Feldpostkarten und drei hungrigen Kindern. Wer noch mal eine Waffe anrührte, dem drohte die Hand abzufallen. Kein ausgemusterter oder entnazifizierter Offizier, der Lust verspürt hätte, seine Leute wieder ins wohldirigierte Artilleriefeuer zu schicken.

Kaum aber war die Währung umgestellt und der gröbste Schutt weggeräumt, da wollten dem Tambour die Wirbel schon wieder unterm Schlegel vor. Wo sollte einer auch unterkommen, der Axel von der Pfordten hieß oder Borkwardt Eisenhart oder Sturmkeil von Streithorst, wenn nicht beim Bund? Im Vorfeld der Wiederbewaffnung hatte sich ein personeller Engpaß ergeben. Die für den Aufbau der Bundeswehr vorgesehenen Offiziere saßen zum Teil noch als Belastete hinter Schloß und Riegel und mußten erst begnadigt werden.

Jagdflugzeuge stiegen wieder auf, selig dem Himmel gesellt. Unter Luftwaffenoffizieren wurden Wetten abgeschlossen, welcher Glückliche die 200. Maschine zum Absturz bringen durfte. Denn tot oder lebendig, Wettervorhersage hin, Schleudersitz her – der zweihundertste Bruchpilot durfte sich der Aufmerksamkeit der Öffentlichkeit gewiß sein. Kameraden von der Marine bargen das Wrack aus der Ostsee, Längerdienende zogen die Trümmer mit klingendem Spiel zur Hardthöhe. Der amtierende Minister ließ es sich nicht nehmen, den fälligen Hörnertusch selbst zu dirigieren.

Die Grundsätze der Inneren Führung konnten rasch verwirklicht werden. Der blanke Kommiß darf als überwunden gelten. Dies war in erster Linie eine semantische Frage. Exerzierplätze sind in Formalausbildungsstätten umbenannt worden. Gefreite werden nicht mehr von Haus aus als Blödsinnige tituliert, die Leibschüsselhusaren heißen jetzt Sanitäter. Aus dem Knobelbecher ist ein NATO-Kampfstiefel geworden. Der Umgangston zwischen Vorgesetzten und Untergebenen hört sich relativ zivil an (»Sie sehen ja aus wie Karl Napf, der Erfinder der nichtrostenden Bratkartoffel, Mann!«).

Die Mehrzahl der Bundesbürger vertritt die Ansicht, der Dienst an der Waffe könne nicht schaden. Denn erstens schließen die jungen Männer Bekanntschaft mit Massenvernichtungsmitteln, zweitens lernen sie nützliche Dinge, wie zum Beispiel, daß man bei Schuhen auch den Steg putzt. Elemente des Soldatenlebens gehen in die Alltagskultur über: Springerstiefel, Bomberjacken und englische Sprachbrocken.

Die Bundeswehr fährt seit ihrem Bestehen einen strengen Sparkurs. Auf den Schreibstuben sind Briefumschläge so zu öffnen, daß sie bei der Verwendung von Klebstoff wieder gebraucht werden können. Eisernen Sparwillen zeigte der zuständige Ressortminister auch, als er für 100 Millionen Mark ein neues Sturmgewehr entwickeln ließ, auf seine Anschaffung dann aber verzichtete. Nur auf diese Weise kann die militärische Führung auf anderen Gebieten wieder etwas großzügiger wirtschaften. Einem Luftwaffengeneral wurde ein Jahr vor seiner Pensionierung eine Ausbildung am Tornado zuteil. Die Kosten beliefen sich auf 600.000 Mark. Die Ausbildung trug zum Erhalt seiner militärischen Spannkraft bei. Und was die konkret vermittelten Kenntnisse anlangte, so mußte er sie eben im Ruhestand so rasch wie möglich wieder vergessen.

Ohne Echo auf der Hardthöhe blieb der Vorschlag, Neuanschaffungen der Bundeswehr künftig aus Spenden zu finanzieren.

Die deutsche Industrie verschließt sich den Verteidigungsanstrengungen nicht. Eine der eifrigsten Firmen lieferte eine Giftgasfabrik nach Libyen, weil sie ahnte, daß man auf deutsches Know-How bei Giftgas nicht verzichten kann. Die Dynamit Nobel AG wurde für den Friedensnobelpreis vorgeschlagen. Diese in Troisdorf in der Kölner Bucht gelegene Firma sorgt mit ihren Waffen dafür – sie produziert unter anderem die »intelligenteste Mine aller Zeiten« –, daß ausgebrochene Kriege auch wieder beendet werden können.

In der militärischen Tradition wird das soldatische Sterben gewöhnlich heroisiert. Nur der Alte Fritz hatte die Uniform prosaisch einen

Sterbekittel genannt. Inzwischen ist der Tod in der soldatischen Folklore tabuisiert worden. Das Marschliedgut befaßt sich mit dem Naturerlebnis (»O du schöner Westerwald«) oder mit Besoldungsfragen (»Ein Heller und ein Batzen«). Lieder martialischen Inhalts erklingen, wie man uns vielstimmig versicherte, nur noch »zu vorgerückter Stunde«.

Vornehmste Aufgabe der Bundeswehr soll es sein, dem Frieden zu dienen oder doch wenigstens einer multilateralen Weltsolidarität. Von deutschem Boden soll kein Krieg mehr ausgehen, deshalb wurde eine Weile mit seegestützten Raketen operiert. Eine der Funktionen der Bundeswehr besteht darin, den Feind an der Grenze aufzuhalten, bis richtiges Militär eintrifft. Dabei denkt man vor allem an die verbrüderten Amerikaner und ihr überlegenes Material, zum Beispiel den Geschoßspitzenkomplex Pershing II und andere Artefakte mit langer Auskehlung.

Über dem Kulturareal 7 – dem Nördlinger Ries – ist die Hilfe der Waffenbrüder besonders erwünscht, denn dort müssen aus Gründen, die von größter Heimlichkeit umgeben sind, die silbernen Weiten in Höhen unter 50 Metern durchflogen werden. Nur die Landwirte verfolgen die fliegerischen Glanzleistungen mit berufstypischer Zurückhaltung, denn bei sehr tiefen Flügen stoßen Schweine ihre Frucht ab. Der Rest der Bevölkerung stufte die Übungen als Preis der Freiheit ein. Kooperativ zeigten sich die ansässigen Immobilienmakler angesichts der

Wertminderung von Grundstücken. Sie schlossen Kaufverträge vorzugsweise an Regentagen und an Wochenenden ab; da flogen die Piloten nicht.

Die militärische Wiedervereinigung schuf wegen struktureller Ähnlichkeiten keine besonderen Probleme. In Bundeswehr und Nationaler Volksarmee grüßt der Soldat ohne Kopfbedeckung den Offizier im Vorbeigehen durch Wenden des Kopfes um 90 Grad. Bei den *out of area*-Einsätzen konnte die NVA sogar auf einen Erfahrungsvorsprung verweisen, hatte sie doch längst Sicherheitsberater nach Nicaragua und in andere, weit *out of Warschau* liegende Länder entsandt.

Soldaten aus alten und neuen Bundesländern dürfen Blauhelmeinsätze gegen Hungerrevolten mitmachen. Die Republik ist nämlich aufgerufen, ihren Sonderweg zu verlassen und in größere außenpolitische Verantwortung hineinzuwachsen, sprich: auf Menschen zu schießen, die dunkler und dünner sind als man selbst. Seit den zwanziger Jahren wissen wir Ethnologen: »Die Menschenmassen fließen wie Wasser entsprechend dem politischen Gefälle.«[1] Bewaffnete Migrationsabwehr wird zur aktuellsten Aufgabe deutscher Militärs und ihrer nordatlantischen Verbündeten. Die zerfurchten Greise, die jetzt überall in den Talk-Shows sitzen, wissen es schon lange: Im Kampf werden überschüssige Kräfte der Jugend kanalisiert.

---

1 F. Oppenheimer, Die Wanderung, Tübingen 1929

Der Herausgeber des *Wotan*, einer deutschen Zeitschrift für änigmatisches Denken, hat hierzu eine eigene Ästhetik des Schießens entwickelt. Intellektuelle, sagte er, dürfen sich dem Militärwesen nicht entziehen, denn es sei durchaus möglich, daß verdiente Militärs wie General Schwarzkopf sich einmal über Tintoretto, Francis Bacon oder Hölderlin verbreiten. Der *Wotan*, der schon immer ein wenig zur Selbstbeweihräucherung neigte, kann dies jetzt mit Pulverdampf tun. Die nächste Doppelnummer wird Plädoyers für die Wiedereinführung des Kalbfelltornisters und der filzisolierten Feldflasche enthalten.

Sprachempfinden

Ludwig der Deutsche legte seinen Diensteid in französischer Sprache ab. Noch am Hofe Friedrichs des Großen galt Deutsch als Kutschersprache. Dann aber setzte mit Macht die Entwelschungsbewegung ein, deren Anhänger gute Gründe für ihre Sache vorzubringen wußten: »Es ist doch was Stolzes um die deutsche Sprache, rauscht so vornehm durch die Gurgel und gellt kräftiger und voller ins Ohr als das französische Nasengeleier.« Einer wollte allen Ernstes das Wort Nase[1] durch Löschhorn ersetzen.

Deutsch ist heute die offizielle Amtssprache bei den Europäischen Patentämtern in München, Den Haag, Berlin und Rom. Die Vorteile des Hochdeutschen liegen auf der Hand. Es schützt die Dialekte vor dem Verschleiß, ist mit Computerspeak kompatibel und spiegelt die jeweilige Signatur der Zeit wider. Als in der *Wetzlarer Neuen Zeitung* per Anzeige ein »Wer machts-Ledermantel« gesucht wurde, da wußten die älteren Leser, daß der Weltkrieg endgültig vorbei war.

Die Deutschen lieben ihr Idiom und sind aktiv interessiert daran. Politiker müssen diesem Umstand Rechnung tragen. So wie in Griechen-

---

[1] lat. *nasus*

land Musiker und in Frankreich Romanciers leicht zu Ministern werden, fällt in Deutschland den Sprachartisten der politische Erfolg in den Schoß. Der Big Man aus Oggersheim ist einer der bedeutendsten Linguisten Europas. Seine Theorie gründet auf dem selbstformulierten Axiom, »daß Sprache und Semantik auch Gedanken verrät«, und daß es sprachlich genommen auf die Nuancen ankomme. Daher sein vielzitierter Satz: »Die Wirklichkeit ist anders als die Realität.«

Deutsch ist eine subtile Sprache. Jedes Wort, jeder Satz hat seinen Keller. Ein Durchhalte-Appell aus dem Jahr 1944 war nur oberflächlich gelesen ein solcher. Dahinter verbarg sich das genau Gegenteil, nämlich die Aufforderung das weiße Bettuch vors Fenster zu hängen.[2]

Die Neuzeit hat verschiedene Neologismen hervorgebracht: den Studienratsbart, die Seniorengymnastik, den Turnschuhgreis. Dem Feminismus verdankt man Ovulare; sie ergänzen männlich bestimmte Seminare. Aus der Werbung kommt flugzeugfrisch, pflegeleicht und schokoschmackig. Neue Superlative sind entstanden und ungewohnte Substantivierungen wie in »das Angesagteste«. Gleichläufig ist eine Enthauptwortung zu verzeichnen. Statt Dorfverschönerungsprogramm sagt man »Unser Dorf soll schöner werden«. Bei einer Reihe von Wortneuschöpfungen ist der Drang zum Euphemismus nicht zu übersehen. So wurde aus

---

2 Merkur 7/1993

dem Arzneimittelvertreter der Pharmareferent, aus der Fremdenfeindlichkeit die Abschwächung von Wanderungsgewinnen.

In puncto Rechtschreibung ist das Oberlehrerhafte aus der deutschen Kultur gewichen. Die meisten besannen sich auf die alte Tatsache, daß der eine eine falsche Rechtschreibung hat und der andere eine rechte Falschschreibung. In der Orthographie herrscht also ein großer Meinungspluralismus vor. Die Redaktion einer linksradikalen Zeitschrift gibt Leserbriefe »gekürtzt« wieder. Ein in Berlin herausgegebenes Fachjournal für Sprache im technischen Zeitalter zieht es vor, die »Achzigerjahre« gewissermaßen phonetisch vorzustellen. Und in Hamburg-Altona erspähten wir ein Straßenschild, das den neuen Liberalismus in der Rechtschreibung für jedermann sichtbar dokumentiert: PLATZ DER REPUBLICK.

Ein Engländer war es, welcher der Duden-Redaktion in Mannheim und ihrem sechsbändigen Wörterbuch der deutschen Sprache zahlreiche grammatikalische und andere Fehler nachwies. Die Deutschen selbst nehmen es nicht mehr so genau. Zu oft hat man sie Pedanten gescholten. Daß wir im Zeitalter der Beliebigkeit leben, macht sich schon bei der Zeichensetzung bemerkbar.

Entlarvend ist der Gebrauch von Fremdwörtern. Viele haben mittlerweile ein so entspanntes Verhältnis zu Fremdwörtern, daß sie deutsche Vokabeln nur noch mit Fremdwörtern zu erklären wissen. »...von unten«, hörten wir einen Rundfunkkommentator sagen, »also von der Basis her...«. Die Fremdwörtersucht hat zu einer gewissen Verkomplizierung der Alltagssprache geführt. Die relativ einfache Aussage »Wo ein Wille ist, ist auch ein Weg« wird zu »Das Vorhandensein voluntativer Determinanz ermöglicht optimale Problemlösungen« und »Viele Köche verderben den Brei« zu »Die Zahl der an ihrer Zubereitung Beteiligten ist unmittelbar proportional zur Qualität der semiliquiden Kost«.[3]

Das Deutsche hat sich ausländischen Zungen immer weiter geöffnet. Unaufhaltsam auf dem Vormarsch ist das Englische. Die gebräuchlichsten Adjektive heißen – hinter tierisch und stressig – cool, heavy, super und easy. Zeitwörter englischer Herkunft sind inzwischen deutsch konjugierbar. »Alle Titel digital recorded«, steht auf der CD-Hülle, und bei der Lufthansa sagt die Stewardeß: »Ich habe das Ticket gevoided.« Es ist eine Art Mischspeak entstanden, das alle Bevölkerungsschichten erfaßt. »Shaky knees, verstehst«, hörten wir eine Berufsschülerin vor dem Examen zu ihrer Freundin sagen. Die Skinheads sind gegen Überfremdung, deshalb tragen sie einen englischen Namen und verlangen White Power. Gegnerische Punks provozieren sie mit der Frage: »Brauchst du Streß?« Auf der anderen Seite des politischen Spektrums benannten sich die roten Socken nach den *Red Sox*, einem Bostoner Baseballteam.

---

[3] Mitteilungen des Hochschulverbandes, April 1990

Selbst in der DDR (Ex) vermochte man sich dem Sog des Englischen nicht zu entziehen. Eine auskunftsfreudige Weitspringerin wurde beim Staatssicherheitsdienst unter dem Decknamen »IM Jump« geführt.

Was die Abkürzungsmanie anlangt, so haben andere Völker den Deutschen mittlerweile den Rang abgelaufen. Im Flugverkehr kommt eine der gebräuchlichsten Abkürzungen aus dem Amerikanischen: FTL für Frequent Traveller. Lediglich RAL ist noch deutschen Ursprungs, eine auf der Bordkarte notierte Mitteilung an den Purser, daß es sich bei dem betreffenden Fluggast um ein Riesenarschloch handelt. Den wenigsten Reisenden erschließt sich der Sinn dieser Abkürzung. Zwischen Hamburg und Köln/Bonn hörten wir einen sichtlich erbosten Herrn der Ground hostess zurufen: »Ich fliege schließlich bei Ihnen schon seit zehn Jahren als RAL.«

Flughäfen sind im übrigen ein Beleg für die schleichende *retribalization*, erkennbar an den zahlreichen Piktogrammen, die auf Schriftzeichen überhaupt verzichten. Hier schließt sich der Kreis zu einigen vorgeschichtlichen schriftlosen Randgruppen, die man da und dort noch antrifft. Im Schlaubetal bei Dammendorf, in Niederengste im westlichen Sauerland und unterhalb des Kickelhahn im mittleren Thüringer Wald wohnen Leute, die sich hauptsächlich mit Hilfe von Bildern und akustischen Signalen verständigen. Ganz auf die Gestik sind die Bewohner zwischen Hinterkuhdreckshausen und Schafscheißmühlen angewiesen. Das Wort

»Frau« ist diesen Menschen nicht bekannt. Sie deuten das andere Geschlecht durch gestische Darstellung der Kurven im Brust- und Hüftbereich an.

Das Volk hat ausreichend Selbstbewußtsein entwickelt, um an seinen viel bespöttelten Umlauten festzuhalten. Manche meinen, mit einer Häufung von Umlauten den amerikanischen Sprachwildwuchs zurückstutzen zu können. Aus den Texten der Kulturindustrie sticht besonders der Buchstabe ü hervor. In einem Verlagsprospekt wird die Spannung zwischen »Überschwang und kühlabtastender Zurückhaltung« beschworen, und in einem Lob auf das Frankfurter Kulturleben heißt es: »Keine gefällige Wurstigkeit wie im Kölner Klüngel, kein samtweicher Boutiquen-Glanz des leuchtenden Schicki-Micki-München, keine vierteleschlotzende Tümlichkeit Stuttgarts, kein Hamburger Hanseatendünkel, der im trüben Regenloch...«. Der Erreger der Ü-Krankheit, wenn wir sie so nennen wollen, heißt Süskind und wohnt in München. Wir greifen eine beliebige Stelle aus seinem Roman heraus:

...wo in den Gerüchen abends noch der Tag fortlebte, unsichtbar, aber so deutlich, als wechselten da noch im Gedränge die Händler, als stünden da noch die vollgepackten Körbe mit Gemüse und Eiern, die Fässer voll Wein und Essig, die Säcke mit Gewürzen...

Eine Umlautorgie – nur der Titel des Romans unterschlägt trotzig den Umlaut und heißt *Das Parfum*.

Ein sprachgeschichtlich interessantes Phänomen ist das Aussterben der Katachrese, einzig die *Frankfurter Allgemeine Zeitung* (*FAZ*) gestattet sich hie und da Prägungen wie »Das Kondom ist in aller Munde«. Die *FAZ* ist es auch gewesen, die als erste feststellte, daß den Deutschen ihre Liebe zum Wald »durch den sauren Regen aufs bitterste vergällt« worden ist. Sprachtheoretisch gehen schiefe Bilder auf Verwechslungen der Sinnesorgane zurück, wie anders könnte ein Gerichtsreporter schreiben: »Günther Adler gibt einen Einblick in die Entstehung eines Verbrechens, wie man ihn noch nicht gehört hat.«

In markanten Fällen ist die Bildervermischung von jemandem mit intakter Sinneswahrnehmung gar nicht mehr zu durchschauen. Ein hoher Sozialdemokrat darf sich nicht wundern, wenn seine Analysen vom Parteivolk selbst bei gutem Willen nicht mehr verstanden, seine Ratschläge nicht mehr befolgt werden können: »Die Verweildauer im Eingemachten, wo die Konfirmation der schon Konfirmierten allwöchentlich erneut stattfindet, muß eingeschränkt werden zugunsten des Dialogs mit dem Rest der Gesellschaft.«

Eine rezente Erscheinung ist die Lust an der gemischten Metapher: Die Gebetstrommeln, die sich drehen. Die Zeit, die unter den Nägeln brennt. Der Arbeiter, der wie eine ausgequetschte Zitrone zum alten Eisen geworfen wird. Die Politik, die mit dem Tellerrand des Augenblicks gemacht wird. – Das Mischen von Metaphern ist zu einem modernen Gesellschaftsspiel geworden und wird beinahe wettbewerbsmäßig betrieben. Ein Meister der dreifach gemischten Metapher sitzt bei der *Stuttgarter Zeitung*: »Um die eigene Partei an den Haaren aus dem tiefen Popularitätsloch zu ziehen, kurbeln die Liberalen unter Einsatz von Hans-Dietrich Genscher verzweifelt an Hebeln, die nicht mehr zünden.« Dem Hauptgeschäftsführer eines Großflughafens ist es gelungen, die Elemente »Mosaik«, »Drehscheibe« und »Netz« in einem Bild unterzubringen: »Die Inbetriebnahme des neuen Flughafens erweist sich als Mosaikstein im internationalen Luftverkehrsgeschehen, der genau zum richtigen Zeitpunkt in das weltweite Flugnetz als leistungsfähige neue Drehscheibe eingepaßt wird.«

Die höchste Kunst besteht darin, einen realen Vorgang wie eine Metapher aussehen zu lassen und ihm dadurch seinen Schrecken zu nehmen. »Und das Glück?« fragte die Wochenzeitung *Die Zeit* und gab gleich die Antwort: »Ingeborg Bachmann ist vor Sehnsucht danach verbrannt.« Manchmal entbirgt eine Metapher den Wunsch nach Selbstvernichtung. Ein für seine geringe Körpergröße bekannter und bis dahin nicht als suizidgefährdet eingeschätzter Minister sagte: »Das Wasser steht uns bis zum Hals. Wenn wir alle in die Hände spucken, können wir noch mal über die Runden kommen.« Nach außen gerichtete Aggression trieb eine europäische Vierteljahresschrift um. Sie wollte »Anstöße geben allen, denen die traditionellen Wege unter den Füßen schwinden«.

Sprache ist dynamisch. Nicht nur der fremde Ethnologe, auch der Einheimische muß sich neudeutsche Sätze erst innerlich zurechtlegen und übersetzen. »Brauchen Sie eine Quittung?« heißt so viel wie: »Sollten wir nicht gemeinschaftlich die Mehrwertsteuer hinterziehen?« Verständnisschwierigkeiten resultieren ferner aus den politischen Verhältnissen. Ost- und Westdeutschland hatten sich auch sprachlich auseinanderentwickelt. Nicht weniger als 24.000 Wörter wurden unterschiedlich gebraucht. Die Sprachpfleger stehen also vor einer gewaltigen Aufgabe. Nur gut, daß der Jahresetat der Gesellschaft für deutsche Sprache in Wiesbaden jetzt auf 1100 Mark aufgestockt wurde.

Denkvermögen

Die Hirnkapazität hat bereits zur Zeit der Geröllgerätekultur die den Homo sapiens kennzeichnende Größe erreicht. Zu einer Überwindung des prälogischen Denkens und der freien Entfaltung des Denkvermögens kam es in Deutschland allerdings erst, als die Geistesbeknechtung durch die Fürsten vorüber war. Nietzsche durfte sich dann als ein Luftschiffer des Geistes fühlen, und gerne greifen die Deutschen für ihr Selbstverständnis auf die Formel vom Volk der Dichter und Denker zurück.

Aus der Zeit des Vogelkults ging der deutsche Geist nicht unbeschädigt hervor, doch wußten die Denker Rat. Einer der bekanntesten Philosophen glaubte nach 1945, der deutsche Geist und die deutsche Nation könnten sich am besten in Goethe-Gemeinden wieder aufrichten, wo vor allem jungen Menschen die lebendigsten Zeugnisse großer deutscher Geister durch den Klang der Stimme ins Herz getragen werden.[1] Doch hat sich der Geschmack der nachwachsenden Generation in eine andere Richtung entwickelt.

Ob das Denkvermögen dem anderer Nationalitäten überlegen ist, konnte bisher nicht ob-

---

[1] Fried. Meinecke, Die deutsche Katastrophe, Wiesbaden 1946, S. 175

jektiviert werden. Größe und Gewicht der Gehirne scheinen jedenfalls keine geeigneten Meßzahlen abzugeben. Das Gehirn des Malergenies Adolph Menzel hatte sogar Untergewicht. »Andererseits«, schrieb ein Mediziner bekümmert, »gehörten die drei größten, weit über 2000 Gramm wiegenden Gehirne, die schwersten, die man je gefunden hat, einem moralisch Verkommenen, einem Epileptiker und einem Idioten an.«[2] Inzwischen weiß man, daß die Faltung des Hirnmantels eine größere Rolle spielt als das Nettogewicht.

Die genialsten Menschen überhaupt, die Schachspieler, fallen oft durch ausgesprochen unsinnige Äußerungen auf. Es hat einen Großmeister gegeben, der seine Züge mit dem Satz begleitete: »Komm, wir gehen nach Vera Cruz mit vier H.« Ein anderer pflegte unvermittelt in die Tirade auszubrechen: »Schinkus, krachus, typhus mit plaffkes schrumm schrumm.«[3] Man darf hier eine Überstrapazierung nicht ausschließen und mit dem erfahrenen Psychosomatiker Friedrich von Bodenstedt die Diagnose stellen: »Man kann sich das Gehirn verrenken, wie man die Beine sich verrenkt.«

Einer der bekanntesten deutschen Dichter hat gemeint, seine Landsleute würden überhaupt nur viereckige Sachen begreifen. Dies trifft, wenn es je gestimmt hat, heute nur noch auf den Berliner zu, der im Denken eine gewisse

---

[2] G. Venzmer, Dein Kopf – dein Charakter, Stuttgart 1934, S. 19
[3] Reuben Fine, Die Psychologie des Schachspielers, Frankfurt am Main, 1982, S. 17

Unselbständigkeit an den Tag legt (»Det weeß ick alleene nich«). Das übrige Deutschland hat die moderne Revolution des Denkens insofern mitgemacht, als es sich ganz zwanglos mit Entropie, Bootstrap-Theorie, Gaia-Hypothese, Gödel-Theorem oder morphischer Resonanz auseinandersetzt. Die Streuungsbreite der Begabung ist ziemlich hoch, der Beobachter darf sich da nicht täuschen lassen. Unauffällig gekleidete Menschen stehen morgens scheinbar teilnahmslos an ihrer Bushaltestelle, und doch arbeiten sie im stillen am Öffnen ihres Chakras.

Im politischen Leben wird unterschieden zwischen Kopfwissen und Aktenwissen. Erfolgreiche Politiker sind meist auch große Mnemotechniker. Mnemotechniker in dem Sinn, daß sie sich selbst bei einem fehlerfrei funktionierenden Gedächtnis an bestimmte Dinge nicht erinnern können und Aha-Erlebnisse als plötzliches, einfallartiges Erkennen eines bislang nicht gesehenen Zusammenhangs gezielt zu unterdrücken verstehen. Was gewöhnlich nach moralischen Kriterien beurteilt wird, ist nichts weiter als eine selektive Dysfunktion des Gehirns, die nicht angeboren, sondern erworben ist.

Geistigen Spitzenleistungen begegnet man mit Ehrfurcht. Allerdings erfreuen sich die Träger bunter Sakkos bei einer Gameshow oder die Sieger einer Hitparade eines größeren Bekanntheitsgrades als die heimischen Nobelpreisträger der letzten Jahre. Deren Namen – Erwin Neher, Wolfgang Paul, Johann Deisenhofer, Robert Huber, Hartmut Michel – sind freilich auch unattraktiver als die phantasievollen Künstlernamen der Leute im Showgeschäft. Und so bleibt der Naturwissenschaftler, der einer Lösung des Welträtsels ziemlich nahe gekommen ist, obskurer als ein Popmusiker, der drei Griffe auf der Gitarre beherrscht.

Hüter der Weisheit sind die Philosophen. Alle Zweifüßler, die Feuer machen und reden, haben philosophiert. Das Besondere an der deutschen Philosophie ist, daß selbst gesunde und starke Geister von ihr befallen werden. Deshalb sagt man auch: »Philosophie macht Angst[4]«. Der bedeutendste Philosoph des Landes war Friedrich Schleiermacher. Doch ist unter großzügiger Auslegung auch schon behauptet worden, alle deutschen Philosophen seien Schleiermacher.

Zu den hervorstechenden Leistungen der deutschen Philosophie gehört die millimetergenaue Berechnung der ontologischen Differenz und die schärfere Herausarbeitung des Unterschieds zwischen äußerem Unterschied und Wesensunterschied. Die übrige geistige Welt mußte anerkennen, daß das Grundaxiom modernen Denkens schlechthin einem deutschen Philosophen zu verdanken ist, nämlich Karl Jaspers, der gesagt hatte: »Das ungeheure Thema ›Der Mensch‹ kann in einer Stunde nur flüchtig berührt werden.«

---

4 Deutsche Zeitschrift für europäisches Denken, November 1992, S. 1012 und passim

Die technische Intelligenz hat neben der reinen Geistigkeit mächtig aufgeholt. Nicht zufällig ist die erste Papiermühle in Deutschland erfunden worden. Das geglättete Papier, das ab 1390 in Gebrauch kam, trug zur Besänftigung der Kulturseele bei und ermöglichte ruhiges Forschen. Jonathan Swift hat die Deutschen für die stupideste Nation gehalten. Zu seinem Mißvergnügen sind ihr die wichtigsten Erfindungen und Entdeckungen zu verdanken, darunter der Beindorffsche Apparat zur Gewinnung von destilliertem Wasser; die ausziehbare Schlafcouch; die winkeltreue Seekarte; die Schuhcremedose; das Fensterkuvert; tiefe Teller und die Doppelbrechung im Kalkspat.

Die Herausforderungen an die technische Intelligenz sind größer geworden. Auf dem Denkmal von Max Planck in Kiel steht noch die schlichte Formel

$$K = 6{,}62 \cdot 10^{-27} \text{ erg.sec}$$

Technische Zusammenhänge stellen sich heute wesentlich komplizierter dar. Man sollte darüber jedoch nicht vergessen, daß der moderne Computerauswurf genauso manipuliert werden kann wie die antike Vogelschau. Und ein elektronisch gesteuerter Speicherofen mit sechs Kilowatt ist im Grunde nichts anderes als die neuzeitliche Fortsetzung des alten Hestia-Vesta-Kults.

Die technologischen Errungenschaften können also auch überschätzt werden. Einer der großen Denker mußte seine Landsleute daran erinnern, daß das Pulver und die Litfaßsäule zwar in Deutschland erfunden worden sind, die Welt darob aber nicht deutsch geworden ist. Seit kurzem versucht man, High-Tech und Bodenständiges miteinander in Einklang zu bringen. Auf einem der großen Volksfeste werden CDs und Kartoffelpuffer an ein und demselben Stand verkauft.

»Erstürmt die Festung Wissenschaft« lautete die Parole in der DDR (Ex). Erfindungsgeist wurde von höchster Stelle aus honoriert. Als dem Ersten Parteisekretär auf der Leipziger Messe ein hochklappbares Bett gezeigt wurde, das im hochgeklappten Zustand von einer Schrankwand nicht zu unterscheiden war, meinte er nach der ersten Verblüffung voller Anerkennung: »Ideen muß man haben.« Die Technik erreichte den höchsten Stand im grenznahen Bereich durch ausgeklügelte Fallensysteme und raffinierte (*highly sophisticated*) Schußvorrichtungen. Mit ostdeutscher Computertechnik dagegen war kein Staat zu machen. Japanische Besucher hielten die aktuellen Firmencomputer für Exponate eines Museums für Elektronik. Im Innern des Landes kam es durch die Bindung des Hochschulzugangs an die Linientreue zu einer Gegenauslese. Doch ist durch die Wiedererlangung des aufrechten Gangs eine beschleunigte Cerebralisation zu erwarten. Die Anpassungskrise scheint überwindbar, zuverlässige osteometrische Daten stehen noch aus.

Religiös bestimmte Bürger beäugen den Bau neuer Hochschulen mit gemischten Gefühlen, kennen sie doch das Bibelwort: »Wo viel Weisheit ist, da ist viel Grämens; und wer viel lernt, der muß viel leiden.«[5] Trotzdem nimmt die Zahl der Hohen Schulen weiter zu. Selbst in der alten Fußballstadt Kaiserslautern wurde jetzt eine Universität errichtet, was weniger paradox ist, als es klingt, denn gleichzeitig wurde dorthin das »Deutsche Forschungszentrum für künstliche Intelligenz« vergeben.

---

[5] Prediger Salomo, 1:18

Seele und Gemüt

Die Deutschen stellen die These von der psychischen Einheit der Menschheit auf eine harte Probe. Wohl findet man Schwiegermutter-Tabu und Sauberkeitsgewöhnung als Universalien. Auch setzt beim Kleinkind mit der Acht-Monats-Angst pünktlich die Furcht vor fremden Gesichtern ein. Doch hält die Xenophobie ein Leben lang an und ist durch Erziehung kaum zu beeinflussen – ein entwicklungspsychologisch einmaliger Vorgang.

Geht man in der Geschichte weit genug zurück, stößt man auf Individuen, die sich der Komplexität ihrer Gemütsanlage gestellt haben. 1923 wurde in Dresden die Kantate »Von deutscher Seele« einstudiert. Die Musiker holten das Beste aus sich heraus, doch war der Komponist mit dem Ergebnis keineswegs zufrieden. Es entspann sich folgender Dialog.

Komponist: Das klingt ja scheußlich.

Erster Geiger: So sieht's ähm jetz aus in der deutschen Seele.

Mit einiger Scharfsicht nannte Charles de Gaulle die Deutschen »Bündel von mächtigen, aber ungeordneten Instinkten«. Da sind wir genau am Punkt. Denn Ernst Haeckel zufolge, dem einsamen Experten auf diesem Gebiet, beruht Sittlichkeit auf Instinkten, die im Plasma entstehen. Hier stoßen wir aber auch schon an die Grenzen des Wißbaren. Die Physiognomen, lange Zeit Hoffnungsträger der Seelenkunde, sind praktisch mit einem einzigen Satz abgeschmettert worden: Kein Wissen gibt's, der Seele Bildung im Gesicht zu lesen. Der offene Rheinländer, der naive Hesse werden sich noch am ehesten erschließen lassen, aber der skeptische Berliner bleibt schwer erreichbar und brüskiert intime Fragesteller mit einem rohen »Det werde ick dir jerade uff die Stulle ballern«. Das Zentrum des Widerstands gegen die Seelenzergliederung liegt freilich im Allgäu. Dort sagen die Einheimischen in ihrer typischen Art: »Ma sieht it in d'Leut nei, bloß dra na.«[1]

Der *basic personality type* wurde in erster Linie von den Moränen des Landes geformt, von den langgezogenen Moränenrücken im Holsteinischen, den kuppigen Grundmoränen im Mecklenburger Küstenland, den Randmoränen in der Uckermark und den Jungmoränen im nördlichen Brandenburg. Endmoränen aus der vorletzten Eiszeit gaben dem Charakter des Volkes sein Gepräge und bestimmten dessen *histoire de mentalité*. Müßte ich ein Symbol für das deutsche Wesen benennen, ich würde ohne Zögern den Choriner Endmoränenrücken wählen.

Unabhängig vom Psychotop, dem durch Gewöhnung vertrauten Landschaftstyp, ist es den Bewohnern am liebsten, wenn sie es mit meßbaren Gefühlen zu tun haben, wenn Instinktreste

---

[1] Etwa: Man sieht nicht in die Menschen hinein, nur an sie hin.

oder Aggressionen gewogen oder mit mathematischer Präzision vermessen werden können. Dabei lassen sie sich in der Regel vom Dezimalsystem leiten (»Das werde ich Ihnen zehn/zwanzig Jahre nicht vergessen«).

Die Rezeption der Psychoanalyse ist bis zur unteren Mittelschicht herunter recht gut (»Das Traumschiff«). Der Ausdruck »sich von innen bekieken« deutet sogar darauf hin, daß die Traumdeutung in Berlin erfunden wurde und nicht in Wien. Im Ruhrgebiet mit seinen sagenhaften sieben Städten nennt man das Trauma ein »Rheuma auf seelisch«. Die meisten wissen sehr wohl, daß bei vielen alltäglichen Vorgängen »auch untere Gefühle zugange sind« und nicht nur der Kopf. Die Verbreitung psychoanalytischer Kenntnisse ist vielleicht sogar schon weiter gediehen, als den Diagnostikern lieb sein kann. Legt man einem Patienten eine Klecksographie vor und fragt ihn, was er sehe, kann man unter Umständen die Antwort erhalten: »Was ich sehe? Ich sehe Rorschach, Tafel 9.« Der Freudsche Versprecher ist zu einem kulturellen Gemeingut geworden und wird nicht versehentlich, sondern ganz bewußt eingesetzt, etwa wenn der Reporter zu der Sportlerin vor dem Start sagt: »Wir drücken Ihnen alles Gute.«

Die Psychologie der Frau ist ein Sonderforschungsbereich, der dem Mann alle Kräfte abfordert. Bereits Sebastian Franck hatte die These aufgestellt, Germania habe »freisame, heftige, den Männern ungehorsame Weiber, als jemals ein Volk gehabt hat«. Zur Indolenz gesellt sich eine gewisse Bequemlichkeit. »Wenn i no scho flacke tät«[2], sagt die aufrecht im Bett sitzende Schwäbin. Noch problematischer gestaltet sich das Zusammenleben, wenn die Ehemänner mit den Jahren zum *economizing* bei der Erfüllung der ehelichen Pflichten übergehen.

Nach herrschender akademischer Meinung repräsentiert das Männliche den noetischen Oberbau, das Weibliche den endothymen Grund des Seins. Es kann jedoch mit zunehmendem Alter zu einer Rollenumkehr kommen in dem Sinn, daß die Frauen härter, kompromißloser und artikulierter werden, die Männer passiver, duldsamer und mehr in sich zurückgezogen. Das Leiden an der Frau gebiert Männerbünde. Dort wird angeblich geheimes Wissen weitergegeben über die besten Whiskeymarken, freie Immobilien in der Toskana, Reibeisen und andere Grabbeigaben für die Frau.

Der Ödipuskomplex ist stark verwurzelt in der deutschen Seele.[3] Die Abneigung zwischen Vätern und Söhnen sitzt oft so tief, daß beide nur noch über ihre Anrufbeantworter miteinander verkehren. Viele Personen des öffentlichen Lebens haben aus Protest ihre Vaternamen verändert oder ganz abgelegt. Der begnadete Sänger Roy Black hatte als Gerhard Höllerich das Licht der Welt erblickt, konnte durch die

---

[2] Wenn ich nur schon liegen würde. – Vgl. W. Stekel, Die Geschlechtskälte der Frau, Berlin 1927
[3] Vgl. ,die bitteren Rachegefühle, die ein Matthias Claudius gegen seinen Vater richtete: »Und ich kann's ihm nicht vergelten/ was er mir getan.«

Namensänderung seinem Schicksal aber trotzdem nicht entrinnen.

Krankhafte Veränderungen der Seele werden kulturspezifisch bewertet. Die *Melancholia gravis* gilt als asozial und wird entsprechend rigoros bekämpft. Patienten, die an Schwermut leiden und während ihrer Absencen Gegenstände verschlucken, gibt man einfach Kartoffelbrei und Sauerkraut, damit die verschluckten Dinge p.v.n. abgehen.[4] Ausgebildete Schizophrenien sind selten, wohl aber stößt man auf eine innere Zerrissenheit, etwa wenn bei laufendem Motor über die Umweltverschmutzung gejammert wird. Wo schizophrenes Verhalten fehlt, fehlt auch die Sperrung, also die Aufhebung des Impulses durch einen Gegenimpuls, so daß die an sich Gesunden ihren Gefühlen leider zu oft nachgeben. Die bizarrsten Formen des Querulantentums und der Rechthaberei findet man in *settings*, wo es um nichts geht. Zwischen den Karnevalsvereinen besteht erbitterte Feindschaft, die Elferräte stehen sich in unversöhnlichen Lagern gegenüber.

Alkoholgenuß erzeugt schwerpunktmäßig in den urbanen Randsiedlungen seelische Labilität oder aber eine ängstlich-humoristische Stimmung, wie sie für das Delirium tremens typisch ist. In den Vorstädten befinden sich die meisten psychologischen Beratungsstellen, die in erster Linie Tips für Verbrauchte anbieten. Gegenüber Revierfremden wird Meidungsverhalten geübt,

---

[4] p.v.n. = per vias naturales

wo das nichts nützt, werden sie angefeindet oder angegriffen.

Die vielzitierte Ordnungsliebe der Deutschen wird mit ihrer Reinlichkeitserziehung in Zusammenhang gebracht. Aus zahlreichen fossilen Belegen und hinterlassenen Papieren scheint hervorzugehen, daß tatsächlich eine ausgeprägte Fäkalobsession vorliegt. Andere glauben, der moderne Deutsche würde kein größeres Interesse lustvoller oder phobischer Art auf Faeces richten als etwa die Schweizer[5] oder die Wahuri. Ein Nebenforschungsgebiet ist der Wind, und zwar nicht im klimatologischen Verstande, sondern davon qualitativ verschieden. Tonus und Tonussteigerung können als Drohung wirken, dienen aber meist nur der Selbstvergrößerung. Die Geräuschentwicklung wurde gelegentlich als »naturhaft frisch[6]« empfunden, doch läßt sich diese These diffusionistisch nicht erhärten.

Obwohl den Deutschen der Vorwurf der Analfixierung gewaltig stinkt, müssen sie doch zugeben, daß Exkremente bei ihnen als politisches Kommunikationsmittel dienen. Ein unter dem Künstlernamen Kuli bekannter Quizmaster erhielt mit Faeces beschmierte Artikel zugesandt, nachdem er auf dem Bildschirm freundliche Worte über den Ehrenvorsitzenden der Sozialistischen Internationale verloren hatte. Die Frau eines prominenten Philanthropen bekam

---

[5] Das Schweizer Nationalepos enthält anale Bezüge: »Wilhelm Tell verbarg sich rasch hinter einem Busch, drückte los, und das Werk der Befreiung war getan.«
[6] Ernst Decsay, Das Gehör, Wien 1931, S. 66

entsprechende Pakete, weil sie sich für die Boat People eingesetzt hatte. Sie nahm die Sendungen mit einiger Gelassenheit hin, weil sie sich sagte, ich muß den Inhalt nicht auspacken, aber der Absender muß ihn einpacken. Den besten und ältesten Kabarettisten erreichte ein Schreiben des Inhalts, man solle ihn in den Gully werfen, auf daß er mit der Kloake fortgespült werde.

An seelischen Erkrankungen wäre noch der Apothekerklaps zu nennen; die chronische Empfindlichkeit bei Schauspielern und Opernsängern sowie starke Schamgefühle bei Personen, die nichts angestellt haben. Daß Scham sich »inwendig faltet«, wie ein Fachblatt[7] vermutet, trifft sicher zu, wie anders hätte Schleyer sonst Niemöller verzeihen können.

Deutsche Bürger genießen nicht wie die Amerikaner das verfassungsmäßig garantierte Recht auf den *pursuit of happiness*. Auch der durchgängige Optimismus der Amerikaner bleibt ihnen versagt. Im Gegenteil, die Deutschen spalten positive Gefühle lieber ab und lassen nur negative zu. Erst wollen sie den Speck noch striemiger, und dann ist er ihnen zu fett. »Ich bin so glücklich«, klagte Goethe, »daß meine Kunst darunter leidet.« Glück erweckt Argwohn. Kummer & Harm erzeugen das Gefühl, daß die Dinge im Lot sind und jeder bekommt, was er verdient. Echtes Glücksempfinden und tiefer Seelenfriede stellen sich nur kurzfristig

---

[7] Merkur, Sept./Okt. 1991

und auch dann nur in bestimmten, winzigen *pockets* des Landes ein. Ein Bauer aus dem Badischen bekannte sich einmal zu einem dieser seltenen Momente: »Wenn i äls vom Merkt in Diebinge heimfahr, den geschtirnten Himmel über mir, das sittliche Gesetz in mir und meine Säu hinter mir, dann han i meine schenste Schtonde!«

Liebes- und Eheleben

Die entwicklungsgeschichtlich einmalige Umkehrung von der Monogamie zur Gruppenpromiskuität stellte sich in den fünfziger und sechziger Jahren im gesamten Kulturareal ein. Die Ursachen hierfür wurden von der politischen Linken in der kapitalistischen Dekadenz, von Konservativen im atheistischen Materialismus gesehen. Zweifellos muß sich ein erklecklicher Teil der Bevölkerung an der Aushöhlung der bis dahin geltenden Normen beteiligt haben, sonst wäre es nicht zu einer so drastischen Absenkung der Peinlichkeitsschwelle gekommen. Auslöser der sexuellen Revolution war eine Gruppe von Prostituierten im westfälischen Münster, die mit Stöckelschuhen an den spreizgewohnten Beinen durch die Straßen der alten Bischofsstadt pilgerten und die Parole »Straps und Grips« ausgaben.

Die Pudenda – sie sind keine mehr. Symbolisches Sichverweigern und Sichzieren ist als Brauch abgestorben und kommt praktisch nur noch in der Literatur vor. Die regellose Promiskuität hat vom Showbusineß Schneisen ins Bürgertum geschlagen. Der nebeneheliche Geschlechtsverkehr zwischen befreundeten Ehepaaren ist als Ausgleich zur Monotonie der Trabantenstädte schon wieder zur Norm geworden. Auch die verkürzte Wochenarbeitszeit wirkte sich auf das Sexualverhalten aus, weil durch die 38-Stunden-Woche vorher nicht gekannte Antriebsüberschüsse auftraten. Dazu tritt die erotisierende Wirkung der Landschaft, etwa das Weiberhemdmoor auf dem Hohen Meißner. Im Hadelner Land halten die Einheimischen nahe der Ortschaft Fickmühlen beschauliche Rast. Nicht zufällig steht in einer der gefälligsten holsteinischen Gegenden die Bräutigamseiche mit einem Briefkasten für Heiratslustige.[1]

Bei jüngeren Menschen haben sich die Übergangsriten in die Diskotheken hinein verlagert. Diskos sind als moderne Frauenmärkte auslegbar. Sie sind jedenfalls Kontaktzonen, von wo aus der Weg rasch in die Fortpflanzungsgemeinschaft führt. Erst seit den achtziger Jahren ist durch eine Virusepidemie die Wahllosigkeit bei der Paarung etwas zurückgegangen.

Der Kuß als Ritualisierung der Mund-zu-Mund-Fütterung aus dem Brutpflegekomplex erzeugt durch die Summation der Nervenreize eine weit im Körper irradierende Hyperämisierung. Doch selbst wenn der Glutenbrand über ihnen zusammenschlägt, halten Deutsche die handwerkliche Tradition hoch. Das Schlafzimmer nennen sie Werkstatt, ihre Sexualorgane sprechen sie als Geschlechtswerkzeuge an.

Der Stand der gottgeweihten Jungfräulichkeit (*virgo intacta*) wird nicht mehr sonderlich hoch

---

[1] Dodauer Forst, 23701 Eutin

geschätzt, der Minnelohn nicht mehr bloß in Weiß gewährt. Die Verehelichungsquoten gingen zurück, obwohl der Unverheiratete nie das warme Interesse für das Staatswohl aufbringen kann wie der Hausvater, der, in der Gestalt der Kinder, der Zukunft ihre Rechte bewahrt. Wem aber Tisch und Bett zu weit werden und wer sich steuerliche Vorteile verspricht, der sagt dem Junggesellenstand Valet und tritt in den heiligen Stand der Ehe.

Heiratsanzeigen können ganz lakonisch ausfallen:

Gesucht: Frau mit Nehmerqualitäten

Oder expliziter:

Mann vom Land, mittleren Alters, 1,62 groß, sucht Bekanntschaft mit einer folgsamen Frau, die tierlieb und Nichttänzerin ist, lange Beine und schöne Kurven hat.

Andere sind religiös bestimmt:

Reifer, denkender Menschenmann möchte stark kurzsichtige Partnerin glücklich machen. Bevorzugt Glaubensgenossin, die Epheser 5, 22-23 entspricht.

Nach dem Konzil von Trient führte der Weg zum Schlafzimmer nur durch die Kirche. Noch heute unterscheidet man zwischen kirchlicher und standrechtlicher Trauung. Vom Gesetz her trifft die Frau die unbedeutenderen Entscheidungen über die Wahl des Wohnorts, die Ausstattung der Wohnung, den Schultyp für die Kinder, das Familienbudget und das Urlaubsziel. Dem Mann bleiben die großen Entscheidungen vorbehalten, also ob China in die

UNO aufgenommen werden soll, der Truppeneinsatz in Somalia verfassungskonform ist oder landgestützte Raketen ohne Gesichtsverlust verschrottet werden können.

Nach den Flitterwochen wird der eheliche Verkehr mehr übers Großhirn als über die Keimdrüsen gesteuert. Man spricht auch vom deutschen Dualsystem zur Entsorgung von Körperflüssigkeiten. In einer gekonnten Mischung aus quantitativer und qualitativer Analyse berichtet der angesehene Sexualwissenschaftler Ernest Bornemann: »Die Koitusfrequenz in der Bundesrepublik befindet sich seit einem Jahrzehnt in stetiger Schrumpfung.« In einer abgeschwächten Form der Festpromiskuität nähert sich ab dem sechsten oder siebten Ehejahr der Mann seiner Frau am wahrscheinlichsten noch am Sonntagmorgen.

Die Gebärkraft der Frauen hat deutlich nachgelassen. Die Frage »Sterben die Deutschen aus?« wird immer eindringlicher gestellt, die Ursachen für den Geburtenrückgang immer verbissener erforscht. Die Gründe sind schichten- und geschlechtsspezifischer Natur. In der Oberschicht hat die Besucherehe mit duolokalen Wohnsitzregeln Bestand. Bei Männern verringerte sich die Zahl der Spermien durch zu enge Kleidung, vornehmlich Blue jeans. Mikrosoziologische Faktoren kommen ins Spiel. Im Dorf X stellte sich eine deutlich höhere Geburtenrate ein als im Dorf Y, weil an Dorf X um 5 Uhr morgens der ICE aus Leipzig vorbeidonnerte, zu früh zum Aufstehen, zu spät um noch mal einzuschlafen.

Die Obrigkeit tut ihr möglichstes, den Geburtenrückgang aufzufangen. Kondomfabrikanten wurden die Steuervorteile gestrichen. Doch ist bei nachlassender Gebärleistung die Bevölkerung heute bereits überaltert. Die Bevölkerungspyramide ist nur noch dem Namen nach eine solche. In Wirklichkeit hat sie urnenförmige Gestalt angenommen.

Wie in Afrika lernen sich die Paare erst nach der Hochzeit kennen. Der Mann kann bald nicht mehr nachvollziehen, daß Schönheitsvorstellungen bei der Wahl seiner Gattin je eine Rolle gespielt haben. Sobald die Frau ihr Verfallsdatum überschritten hat, wird sie mit einem Frosch verglichen: ständiges Quaken, dauernd kalte Füße und ewig Angst vorm Storch.

Bei der modernen Frau stellt sich Entfremdung ein, sobald sie merkt, wie sehr ihre Idee von einem harmonischen Zusammenleben von der des Gatten abweicht. Sie strebt eine Vereinigung von Shiva und Shakti an, er will einfach nur koitieren.

Nach dem alten Scheidungsrecht war es ein Unterschied, ob jemand gesagt hatte, »ich heirate dich« oder »ich werde dich heiraten«. Manchmal wußten Mann und Frau nicht, ob sie nach kanonischem Recht verheiratet waren oder nicht. Der Ehebruch hing an der Konjugation eines Zeitworts. Luther wollte mit dieser Grammatik aufräumen, die katholische Kirche sich den Spielraum für die Scheidung hochmögender Gläubiger nicht nehmen lassen. Neuerdings wird nach dem Scheidungsgrund nicht mehr gefragt, weil die Angaben hierzu immer frivoler geworden waren. Eine Bäuerin hatte sich von ihrem Mann abgewandt, weil der sie aufgefordert hatte, sich zwischen die Krautköpfe zu stellen, damit die Hasen fernbleiben. Einem Computerfachmann hatten die Seitenknorren des Schienbeins seiner Frau nicht mehr gefallen, die wiederum angab, sie könne das Schabicht nicht mehr ertragen, das der Mann nach der Rasur im Waschbecken zurückließ. Ein Chemiker brachte vor, sein Organismus habe eine chemische Hürde gegen die erotisierenden Botenstoffe aufgebaut, die seinen Körper noch zu Beginn der Beziehung überspült hatten. Er könne jetzt einfach nicht mehr genug Phenyllethylenamin (PEA) produzieren, um seine Ehe aufrechtzuerhalten.

Die nichtkatholischen Glaubensgemeinschaften haben ihren Widerstand gegen die Scheidung aufgegeben und sich sogar zu einer kirchlichen Scheidung mit richtiggehenden Scheidungspredigten durchgerungen à la »Liebe Gisela, lieber Heiko, vor mehr als 13 Jahren seid ihr zusammengekommen...«[2] Als Grundlage bietet sich an der 32. Psalm, Vers 1-19, und andere Bibeltexte.

Gewalt in der Ehe ist ein nicht ausgestandenes Problem. Viele Männer schreiben ihrem Feinslieb die zehn Gebote ins Gesicht. Einem Sprichwort aus Pommern zufolge ist eine ungeschlagene Frau wie ungesalzener Kohl. In den

---

[2] Svende Merian, Scheidungspredigten, Darmstadt 1987

regulären Ehen geht es am wildesten zu, während sich das Zusammenleben in den wilden Ehen relativ harmonisch anläßt. Gleichwohl sind die nichtehelichen Verbindungen mit einem Risiko behaftet, denn das Wort LebensgefährtIn leitet sich von Lebensgefahr her.

Kindheit und Jugend

Die Abstammungsrechnung ist bis auf die Kinder von Priestern patrilinear. Die Eltern bewegt große Angst vor der Vererbungsfähigkeit erworbener Eigenschaften. Deswegen kommt es zu einer Entfamiliarisierung des Vaters; er wird von der praktischen Erziehungstätigkeit so gut wie ausgeschlossen. Trotzdem verfügen die Kinder über mehr als eine Bezugsperson. Ja, durch die flotte Abfolge von Trennungen und Scheidungen kann man sogar von einer neuen *extended family* sprechen mit einer vielfältigen Vermehrung von Affektbindungen und Konfliktsituationen.

Das deutsche Kind war seit jeher sicher vor *over-protection*. Den hiesigen Kinderärzten ist eine gängige Folge von Überfürsorglichkeit, die Dreimonatskolik, vollständig unbekannt. Nicht umsonst heißt das bekannteste deutsche Märchen »Hänsel & Gretel«. Die beiden vernachlässigten Geschwister in dieser Geschichte haben wirklich gelebt, wie die endlich aufgespürten Lebkuchenreste eindrucksvoll dokumentieren.[1] Dagegen suchen pädagogisch gesinnte Archäologen immer noch nach dem Sautrog, mit dem ein zehnjähriger Junge namens

---

[1] Hans Traxler, Die Wahrheit über Hänsel und Gretel, Frankfurt 1963

Adolf den Inn hinabgeglitten sein soll, um seine Führungsqualitäten zu beweisen.

Körperstrafen werden nicht als kontraproduktiv eingeschätzt. Als im Zuge der Umerziehung in der amerikanischen Besatzungszone die Prügelstrafe abgeschafft werden sollte, gab es wütende Proteste der eingesessenen Pädagogen und Bambusimporteure. Nach und nach greift die amerikanische Vorstellung Platz, daß, wenn es schon Körperstrafen geben soll, dann lieber das Kind den Lehrer hauen soll. Ein einflußreicher Bauernverbandspräsident, früh verwaist, ist von einem Onkel mit der Reitpeitsche aufgezogen worden. »Das hat mir nicht geschadet«, meinte der Gezüchtigte im nachhinein, aber da war er vielleicht doch zu optimistisch.

Die meisten sind mit ihrer Kindheit zufrieden. Deshalb ist die Weigerung, erwachsen zu werden, recht verbreitet. Der beste deutsche Nachkriegsroman dreht sich um diese Idee. An der Fiktion, noch ein Kind zu sein, hält am auffälligsten der Adel fest. Adelige legen sich in fortgeschrittenem Alter Verkleinerungsformen ihrer Namen zu und heißen dann Poldi, Putzi, Jocki, Heini, Rupi oder Kicki.

Die Lehranstalten erstreben als oberstes Erziehungs- und Bildungsideal die arbeitsfrohe, selbstverantwortliche Persönlichkeit, die religiös und sittlich, deutsch und sozial empfindet, denkt und handelt. In der DDR (Ex) entsprach diesem Ideal die allseitig und harmonisch entwickelte sozialistische Persönlichkeit. In beiden Kulturkreisen wurde auf Wandschmuck in den

Klaßzimmern besonderer Wert gelegt und Bildung immer auch verstanden als Weltverhältnis und Standnahme im ganzen. Das starre Altersklassen- und Vorrückungssystem ist nicht optimal und erzeugt sowohl Orientierungswaisen wie auch erschlaffte Hochbegabte. Probleme entstehen mit anderen Worten aus Über oder Unterforderung, also praktisch aus allem.

Dabei wird der Unterrichtsstoff möglichst auf dem neuesten Stand gehalten.[2] Erstkläßler haben den Inhalt ihrer Zuckertüte noch nicht aufgegessen, da erfahren sie schon etwas über Kreisbewegungen mit konstanter Winkelgeschwindigkeit. Ein knapp Achtjähriger konnte uns die Wirkungsweise des Fettfleckthermometers erklären und seine sommersprossige Klassenkameradin über die Entstehungsgeschichte der färöischen Tanzballaden plaudern. Für die elfjährige Tochter unserer Vermieterin war es nichts Ungewöhnliches, an einem Wochenende über einem Aufsatz zu brüten mit dem Thema »Alles kann man sich in der Einsamkeit zu eigen machen, nur nicht Charakter« oder »Welche Wege sind verantwortlichem Frauenwirken gewiesen angesichts der Nöte unserer Zeit?« oder »Warum mußte Agnes Bernauer sterben?«

Schon im vorpubertären Stadium weiß ein Gymnasiast zu begründen, warum die Mondflut zirka 2,16 mal größer ist als die Sonnenflut. Er kann berechnen, wie groß die Bremswärme

---

[2] Adam Riese, Rechenung nach der lenge, Leipzig 1550

ist, die beim Herabfahren eines ICE von Amstetten nach Geislingen entsteht, und weiß anzugeben, wie viele Kubikmeter Leuchtgas bei der Verbrennung dieselbe Wärmemenge ergäben.

Auf dem Weg zur »Mittleren Reife« teilen die Schüler und Schülerinnen die Autoflagellanten nach der Art ihrer Ernährung ein und sagen den Unterschied zwischen Mycetozoen und Myxomyzeten auf. Sie wissen nicht bloß um die mitotische Zellteilung, sondern kennen auch die Eigenschaften eines Kegelschnittbündels und sind obendrein vertraut mit der Dosisabhängigkeit röntgeninduzierter Chromosomenmutationen von Drosophila melangogaster.

Eine nicht genau bekannte Zahl von Schülern ist mit dieser Ausbildung nicht zufrieden. Wenn die Klasse »Iphigenie auf Tauris« liest, lesen sie unter der Bank »Verdammt in alle Ewigkeit« oder Stephen King. Sie bezeichnen ihre Lehrer als Kreidequietscher, Steißtrommler oder Notenwürfler, die einen Schüler danach beurteilen, ob er »kräftig einen gelernt« hat, nicht aber, ob er intelligent oder kreativ ist.

Die so Angeschuldigten verwahren sich gegen diese Form der Lehrkraftzersetzung und verweisen darauf, daß gerade sie es sind, die mit dem Ruf »Nicht immer dieselben Hände!« der Monotonie entgegenzuwirken trachten, und daß das Wurfholz nur noch auf der Unterstufe in Gebrauch ist. Manche Schüler seien eben nicht viel lernfähiger als ein Anrufbeantworter. Einer unserer Informanten beteuerte, bei einem seiner

Schützlinge wachse buchstäblich das Stroh durch die Haare. Ein anderer hielt dem räsonnierenden Vater eines Durchfallkandidaten entgegen: »Mit dem, was Ihr Sohn nicht weiß, können noch drei andere sitzenbleiben.«

In der Übergangszeit zwischen Schule und Berufsleben zerfällt die deutsche Jugend in Punks, Skins und Hooligans. Leggins und Irokesenbürste als indianische Attribute sollen eine neue Identität vorgaukeln. Cola und andere erregende Getränke erzeugen eine Phantasiewelt. Ohrläppchen werden bei beiden Geschlechtern durchbohrt, Nasenringe bislang nur den Mädchen eingezogen. Das Schneiden einer Glatze ist weit verbreitet und war nur in der DDR (Ex) als Selbstverstümmelung verboten. Jugendliche vollziehen in dieser Phase stellvertretend für die Erwachsenen die Rügebräuche, also zum Beispiel die Jagd auf Personen, die dem somatischen Normenimage nicht entsprechen.

Beim Übertritt ins Berufsleben ist zunächst der Praxisschock zu verdauen. Aus der Geborgenheit der Schule heraus sieht sich der Auszubildende mit einem Chef konfrontiert, der ihn einen Nichtskönner nennt und noch vor Ablauf der ersten Arbeitswoche anregt, seine Eltern sollten den Zeugungsvorgang neu einleiten.

Die beruflichen Zielvorstellungen haben sich gewandelt. Der computerfeste Unterhaltungsmathematiker hat den Lokführer als Traumberuf abgelöst. Ein Trend zur Vergeistigung ist unübersehbar. Erstmals gibt es mehr Architekturstudenten als Maurerlehrlinge (1992). Die Überqualifikation ist zu einer hohen Einstellungshürde geworden. Abiturienten müssen gewillt sein, auch ungewöhnliche Berufswege einzuschlagen. Gute Aussichten haben momentan Altertumsgeodäten, Elektrofischer und Ballistiker nach Flugtagen. Viele wissen nach der Schulentlassung nicht, ob sie Clochard werden sollen oder Nobelpreisträger. Doch nach und nach setzt sich die Erkenntnis durch, daß von allen Arten der Bildung die am höchsten eingeschätzte die Vermögensbildung ist.

Essen und Trinken

Die Gastrosophie ist eine der am meisten verkannten Wissenschaften der Neuzeit, geschweige Deutschlands. Dabei war einem Ludwig Feuerbach mit dem Satz »Der Mensch ist, was er ißt« ein Wortspiel geglückt, das der französische Gastronom Brillat-Savarin noch ganz prosaisch ausgedrückt hatte: »Dis-moi ce que tu manges, je te dirai ce que tu es.« Die Einsetzungsworte der Gastrosophie sind ausgerechnet einer westfälischen Weisheit entnommen: »Wenn jemand auch vielleicht kein Herz hat, so hat er doch bestimmt einen Magen.« Soviel zum Grundsätzlichen.

Historisch gesehen ergeben sich interessante Varianten. Die Arbeiter in den Sandsteingruben des Kyffhäuserberges strichen sich statt der Butter feine Tonerde aufs Brot, die sie Steinbutter nannten; sie soll recht gut verdaulich gewesen sein. Extreme Ernährungsbedingungen führten zu einem beachtlichen Einfallsreichtum. Aus der Zwischenkriegszeit berichtete ein berühmter Esser, den es aus nicht genannten Gründen zum Nordpol verschlagen hatte: »Den letzten Hund mußten wir als Pichelsteiner Fleisch zubereiten.« In der Nachkriegszeit und unmittelbar nach der Währungsreform beeinflußte die Lebensmittelknappheit das gesamte Denken; es regierte die Suppenlogik mit Knödelgründen.

Im modernen Deutschland dominiert der hyperphage Reaktionstypus: Wird ihm unwohl, nimmt er Nahrung auf. Ein Dauertonus im Freßzentrum löst die Hungerperistaltik des Magens aus. Der Hirnrinde gelingt es nicht mehr, die Nahrungsaufnahme dem Willen zu unterwerfen. Jede Mahlzeit wird von vernehmbaren Knack- und Gaumenschnalzlauten begleitet.

Die Eßsünden der Fetten sind nach sozialpsychologischen Erkenntnissen individuell angelegt. Für soziale Aufsteiger ist die Jagdleidenschaft am kalten Büffet zu einer noblen Passion geworden – je fetter die Beute, desto höher das gesellschaftliche Ansehen. Religiös bestimmte Menschen berufen sich auf die Gleichwesigkeit Gottes und aller Speisen. Humanisten und Erotiker ziehen sich auf die Sentenz zurück: *sine Cerere et Baccho friget Venus* – ohne Wein und Brot ist die Liebe tot.

Ein besonderes Problem stellt sich bei Militärs. In der Bundeswehr kann zu einem stoffwechseladäquaten Verhalten nicht erzogen werden, weder innerhalb der NATO noch *out of area*. Gleichgültig, ob nun ein Soldat gelobt hat, dem Vaterland als Schreibstubenhengst, als Kampfpilot oder als Flußpionier treu zu dienen, mit 4000 Kalorien pro Tag wird er zu hastig aufgebaut, und niemand will sich so recht um den Abbau kümmern. Bei der NVA hatte man es in diesem Punkt leichter. Dort gab es Tag für Tag den kalorienarmen Muckefuck, der nur am Nationalfeiertag der DDR durch Kakao ersetzt wurde.

Die Sehnsucht abzunehmen ist im zivilen Leben fast überall anzutreffen. Wer es sich leisten kann, geht zur Obstipationsmassage. Kneippanhänger schwören auf Blitzgüsse und lassen sich mit einem Wasserstrahl von zwei bis drei atü den wohlgenährten Bauch massieren. Andere erhoffen sich Gewichtsverlust durch die Einnahme eines Abführmittels, nicht wissend, daß abführende Mittel auf den Dickdarm wirken, während die Resorption der Speisen bereits im Dünndarm stattfindet. Weitere Möglichkeiten sind Appetitzügler, Saftfasten, Hollywoodkur, griechische Weizenkur und Nulldiät.

Typische Begleiterkrankungen der Übergewichtigkeit sind Stoffwechselleiden, Diabetes und Gicht. Die Lebenserwartung sinkt. Linksstehende Politiker haben aus volksmedizinischen Erwägungen eine progressive Bauchumfangsbesteuerung verlangt, ärztlicherseits wurden für Dicke höhere Beiträge zur Lebens- und Krankenversicherung vorgeschlagen. Im Kampf gegen höhere Versicherungsprämien haben Fettleibige ein Argument der Raucher übernommen. Beide Gruppen belasten die Krankenversicherung in einem überdurchschnittlichen Maße, dafür entlasten sie die Rentenversicherung. Volkswirtschaftlich gesehen stellen sie somit kein besonderes Risiko dar.

Die Ernährungsgewohnheiten reichen bis in die Kindheit zurück. »Tu nur fest essen«, fordern Mütter, Onkel und Tanten. Je größer der Appetit, glaubt man, desto größer die Aussicht, gesund zu bleiben und im Beruf ordentlich was zu leisten. Wenn der *genius morbi* in der frühen Kindheit zu suchen ist, müßte die Prophylaxe bereits im Säuglingsalter beginnen. Allerdings werden das ganze Leben hindurch Gründe dafür gefunden, mehr zu essen, als der Körper braucht. Und nach dem Ableben finden sich die Hinterbliebenen zu ergiebigen Leichenschmäusen ein.

Anorexie ist so gut wie unbekannt. Nur im Schwäbischen haben wir einige Magersüchtige angetroffen. Dort leben ein paar Sonderlinge, die der Auffassung sind, das Chaos beginne bereits beim Salat. Ethnobotanisch von einigem Interesse ist die Banane, die regional als Geschenk bei Geburt und Taufe, als Teil des Brautgeldes und zur Begleichung einer Blutschuld Verwendung findet. Intellektuelle zeigen Ansätze zu einer Körperkultur mit zahlreichen vegetabilischen Elementen.

Im Bürgertum ist die Kost ziemlich monoton: die Kartoffel als knollenbildende Staudenpflanze; lagerfähige Hülsenfrüchte, vor allem die gemeine Gartenbohne (*Phaseolus vulgaris*); Schweinefleisch in jeder Form. Mehr als einmal sind wir von der Hausfrau mit dem Satz zum Essen genötigt worden: »Es wird sonst bis morgen schlecht.« Zum Schrecken vieler Ausländer wird abends oft nur kalt gegessen: Wurst und Käse. Der Speisezettel der Bourgeoisie ist nie abwechslungsreicher gewesen. Bei Mordprozessen bleibt die Analyse des Mageninhalts zur Feststellung der Tatzeit wegen der eintönigen Speiseabfolge meist ohne gerichtsverwertbares Ergebnis.

Die Gasthauskultur ist hierarchisiert. In Düsseldorf und im Raum Bonn-Köln hängt vor den besseren Restaurants neben dem Menü meist ein Schild mit der in Antiqua gehaltenen Schrift UNBETUCHTEN IST DER ZUTRITT VERBOTEN. Trotzdem konnten wir beobachten, daß gerade die exklusivsten Restaurants die vollsten sind. Das deutsche Küchenwunder ist jüngeren Datums. Bis vor kurzem hat es eine nationale Küche überhaupt nicht gegeben. »Auch der Deutsche Bund war alles andere als küchenbildend.«[1] Die Erfolge im Ausland: eher bescheiden. Bloß in Pretoria gab es noch lange Jahre Kommißbrot zu kaufen.

Die Kochkunst hat erst in letzter Zeit gegenüber der Grande Cuisine etwas Boden gutmachen können. Die Speisen werden mit mehr Raffinesse zubereitet. Beim Mousse de foie gras de Canard verwendet der budgetbewußte Koch nicht etwa Entenstopfleber, sondern Hühnerleber, die er mit Milch aufhellt. Rinderbrühwürfel und Wasser geraten unter kundigen Händen durch Beigabe von Algen zu einer eleganten Soupe de Crevettes. Aus Lammfleisch läßt sich mit Rotwein und Rehknochen ein wunderbares Rehfilet zaubern. Herrlich die Waldpilze aus den Stielen von Zuchtchampignons. Dazu ein 1983 Charmes Chambertin oder ein anderer großer Burgunder, bestehend aus Portwein, Pinot und Rosenwasser.

---

[1] »Eine deutsche Küche hat es nie gegeben«, in: Besser's Gourmet Journal, Juli 1979, S. 5

Einen kreativen Schub erfuhr die Gastronomie nach Tschernobyl. Deutschlands Dreisternekäche steckten die Kochlöffel zusammen und entwarfen ein »Menü für den Supergaumen«: heiße Kraftwerksbrühe; geschmorter Kopfsalat in Becquerelsauce; Hammel-Curie; Milliremstrudel oder frisches Kernobst der Saison. Dazu wurde ein Castello di Seveso des Jahrgangs 1976 gereicht.

Der Nahrungsspielraum wurde durch Fast food erweitert. In diesem Zweig der Gastronomie zählen nicht die Gäste, sondern die Transaktionen. Inkarnation des Hamburgers ist der Bigmac. Politisch Bewußte essen ihn mit gemischten Gefühlen, weil sie eine McDonaldisierung der Bundesrepublik befürchten. Wo früher Teppichfliesengeschäfte, HO-Läden oder verqualmte Stehausschänke waren, leuchten heute die goldenen Bögen des Hackfleischimperiums.

Die McDonaldisierung des Landes wird sich erst dann verlangsamen, wenn die Einheimischen dem Hamburger etwas gleichermaßen Abschreckendes entgegenzusetzen haben. Sagen wir den Mönchengladbacher aus gedünsteten Rote-Bete-Scheiben in Semmelbröseln. Oder den in sich vollendeten Bad Segeberger aus durchpassierter Sellerie in Bierteig. Diese Speisen würden nicht nur ein Gleichgewicht des Schreckens herstellen, sondern dürften sich darüber hinaus als geeignet erweisen, die *terms of trade* zu Deutschlands Gunsten zu verschieben. Bei der Eröffnung einer großen Landwirtschaftsausstellung sagte der Ernährungsminister mit Blick auf amerikanische Fast-food-Ketten: »Geschichte ist vor- und rückwärts wandelbar. Wir können es uns nicht leisten, ewig nur Figuranten des gastronomischen Weltgeschehens zu bleiben.« Um diese Zeit begannen Gyros und Döner ihren Siegeslauf durch Deutschland.

Tacitus schrieb über die alten Germanen »am wenigsten können sie Durst und Hitze ertragen«, und folgerte daraus, daß sie leichter durch ihre Laster als durch Waffen zu besiegen seien. In der Tat ist des Deutschen Kehle meist so trocken wie ein Flintenriemen. Früh haben die Germanen deshalb aus dem Durst eine Tugend gemacht und ihr Ehrgefühl auf die Kraft im Trinken übertragen.[2] Das einfache Volk wußte sich hier einig mit seiner Führung, auch wenn diese innere Solidarität im Ausland nicht immer verstanden wurde. In Rom mußte sich der deutsche Kaiser die Frage gefallen lassen: »Wirst du mit Gottes Hilfe dich nüchtern halten?«

Ein verbreiteter Brauch war das Zutrinken, das Niedersaufen der Zechgenossen, bis diese halb tot waren. Als die größten Trinkerlande galten historisch gesehen Sachsen, Pommern, Mecklenburg und die Mark Brandenburg, doch gelang es den anderen Gauen im Lauf des 18. Jahrhunderts aufzuholen.[3] Der schwäbische Romantiker Justinus Kerner, der ein Haus in Weinsberg bei der Burg Weibertreu besaß, verfestigte den Trinkkult und widmete eines seiner

---

[2] H. Schader, Das Trinken, Berlin 1890
[3] J.W. Petersen, Geschichte der deutschen Nationalneigung zum Trunke, Leipzig 1782, S. 12

besten Gedichte dem »Trinkglas eines verstorbenen Freundes«.

Bei den Tabakskollegien der Alten wurde stets kräftig getrunken. Durch den Qualm von Numero Fünfe Dreikönig erklangen Rufe wie »Wünsche Gesundheit«, »Euer Spezielles«, »Ein langes Leben« oder andere Verwünschungen. In Berlin quittierte man einen besonders tiefen Zug mit der Bemerkung »Gott segne die Schifffahrt«. Während im amerikanischen Kulturkreis das *social drinking* vorherrscht, legen es die Deutschen direkt auf den Rausch an. Im Land der Tüchtigkeit leben eben auch viele tüchtige Säufer. In der provisorischen Bundeshauptstadt steht alle 635 Meter eine Kneipe. Einer der ersten Bundespräsidenten beantwortete die Frage, wie lange er an einer Rede geschrieben habe, mit Freimut: »Anderthalb Flaschen.«

In den wenigsten Haushalten ist es Möhrensaft, der da in den Gläsern funkelt, eher schon ein Sekt der Marke Deinhard lila oder wenigstens ein Fürstenpils. Unter den Weinen wird der Landwein bevorzugt, weil in den Städten mit Ausnahme von Stuttgart keiner wächst. Getrunken wird praktisch alles, vom Kneippwein für leichte Stunden bis zum Nachwein aus der dritten Pressung. Die große Mode nach der Wiedervereinigung: Wein von der Unstrut. Eine weitere Spezialität aus Mitteldeutschland ist der selbstgemachte Erdbeerwein, der allerdings nach Bäckerhefe schmeckt. Die Weinherstellung ist von viel Geheimnistuerei umgeben. Die Winzer verraten dem ältesten Sohn mitunter erst auf dem Sterbebett, daß Wein auch aus Trauben hergestellt werden kann.

In der Geschichte ist Bier oftmals verfälscht und mit Nieswurz, Pech, Mohnköpfen, Bitterklee oder Enzian gewürzt worden. In Schlesien konnten geschmackliche Mängel ästhetisch abgefangen werden: »Is die Wartin schien, is das Bier ooch gutt.« Das Trinken wird im Schwäbischen noch als kultischer Vorgang betrachtet. Dort sagt man über einen guten Trunk: »Des Bier lauft nei wie Gottes Wort in d' Schtudente.« Gerade unter Schwaben ist erstmals der Wunsch laut geworden, man möge das Brot auch saufen können. Die Berliner Volkspoesie sagte: »Glücklich ist, wer verfrißt, was nicht zu versaufen ist.« Im Westfälischen hat sich am reinsten der germanische Wettbewerbscharakter erhalten. Dort stehen sich zwei Trinkkumpane gegenüber, in einer Hand das Glas, die andere am Tresen, wer zuerst losläßt, um seine Balance zu halten, hat verloren. Mit einem Wort: Es gibt regional-spezifische Formen der Trunkenheit.

Jeder Trinker kennt seinen Wirtschaftsstandort genauer als den Nachhauseweg. In den Bars wird Bier gerne im Verbund mit geistigen Getränken hohen Alkoholgehalts konsumiert. Vor dem Genuß hochprozentiger Mixturen verlangt der Wirt dem Gast den Zündschlüssel ab. Erfahrene Trinker fordern ihre Leber auf, sich wegzuducken, ehe ein scharfes Getränk gekippt wird. Das Trinken in der Öffentlichkeit wird hauptsächlich von theoretischen Erörterungen der weiblichen Anatomie, des Bundesligatabellenstandes und der Geldwertentwicklung begleitet. Die Trinkergemeinde ist sich der Tatsache bewußt, daß ihr Alkoholkonsum nicht den wirtschaftlichen Erfordernissen angepaßt ist.

Gesundheitliche Erwägungen kommen erst in zweiter Linie in Betracht. Denn vielen ist die finsterste Kneipe lieber als der hellste Arbeitsplatz. Die Umgangssprache kennt einige farbige Ausdrücke für den Zustand der Berauschung. Ein Betrunkener ist knallduhn, knackenvull oder bicksbeerenblau. Von einem, der nicht mehr gerade gehen kann, sagt man, er schiele mit den Beinen. Der Alkoholmißbrauch wird in der Regel dissimuliert oder in sibyllinische Begriffe gefaßt. Eine gängige Ausrede gegenüber Dritten lautet, man habe Alkohol nur »im Rahmen des Üblichen« konsumiert, das kann aber heißen: bis zur Bewußtlosigkeit. Wer diesen Zusammenhang kennt, wird die scheinbar sinnentleerten Dialoge verstehen, wie sie nachts vor Haustüren zu hören sind.

»Wohnt hier Meier?«

»Jawohl, bringen Sie ihn rauf.«

Die Hamburger mit ihrer anglophilen Neigung zum Understatement sind sprachlich am besten gerüstet, wenn es darum geht, Alkoholismus herunterzuspielen (»Wir hatten 'n klain getrunken, nech?«). Überall im Lande sind schwere Trinker daran zu erkennen, daß sie angebotenen Kaffee ablehnen; der würfe sie um Stunden zurück. Akademiker verbergen ihre Trunksucht hinter Weinkennerschaft. Nur reformierte Alkoholkranke sind bekenntniswütig. Als aber ein Bestsellerautor vor einem Millionenpublikum bekannte, er sei in seiner Zeit als Trinker sogar Auto gefahren, war es auch wieder nicht recht, und der Moderator winkte verzweifelt ab.

Die bei Firmen und Finanzämtern eingereichten Verzehrbelege bestehen zu 80% aus Getränken. Allerdings wird die genossene Menge vielfach überschätzt, weil Alkoholiker ein gewisses Quantum, wenn nicht das meiste, verschütten. Trotz dieses Handicaps kommen ansehnliche Promillewerte zustande. Eine zuverlässige Quelle sind Unterlagen der Autobahnpolizei, die dazu übergegangen ist, vielbenutzte Autobahnausfahrten nach den festgestellten Promillewerten einzuteilen. Bei der Ausfahrt Duisburg der A3 liegt der Schnitt bei 3,23 Promille, die Ausfahrt Schleswig der A7 kommt auf 3,64 Promille, auf 3,70 Promille hat sich der Wert am Wiesbadener Kreuz eingepegelt. Langjährige Rekordhalterin war mit 4,12 Promille eine Frau, die sich zwischen Garbsen und Schwillensaufenstein nicht mehr auf den Beinen halten konnte, nachdem sie ihr Fahrzeug verlassen hatte. Dies ließ einen 45jährigen Schwaben nicht ruhen. Mit 5,7 Promille wurde der neue Rekordhalter auf die Intensivstation gebracht.

Wie die Richterskala für Erdbeben sind die Skalen der Alkoholmeßgeräte nach oben offen. In beinahe vorhersagbaren Abständen berichten die Zeitungen von Überlebenden theoretisch letaler Dosen. Es ist so, wie es Sebastian Kneipp, der Erfinder der Wasserkur, einmal gesagt hat: »Saufe wöllet se alle, aber sterbe will koiner.« Es geht bei diesem Thema eben auch um die Genußfähigkeit eines Volkes, das zwischen Daseinsfreude und Verzweiflung schwankt, zwischen Zuversicht und Selbstmitleid.

Bestimmte Kreise sehen für sich nur drei Möglichkeiten: flüchten, standhalten oder ein aus den Blättern des Kokastrauches gewonnenes Alkaloid. Dieser Stoff bewirkt eine Unterdrückung des Hungergefühls, zum Beispiel bei Köchen. Genauso attraktiv dürfte freilich das dadurch ausgelöste allgemeine Wohlbehagen sein. In der besseren Gesellschaft war zeitweise gemeinsames Betelkauen in Mode gekommen. Weil Betel (*Areca catecha*) jedoch auf Dauer krebserregend wirkt, stellte es keine echte Alternative zu Kokain dar.

Wohnkultur

Nicht alle sind Meister darin, bei der Einrichtung ihrer Wohnung das Negative zu überbrücken. Bei vielen merkt man: Das Wohnen beginnt leider schon in der Diele. Doch bahnt sich eine Entwicklung zu mehr Wohnindividualität an. Die gute Stube von früher entspricht nicht mehr dem Qualitätsverständnis. Der Tisch mit den sechs Stühlen wurde entsorgt. Die Wohnungsentrümpelungen nach Scheidungen haben der Wohnkultur gutgetan. Wo einmal das durchgesessene Sofa stand, befindet sich jetzt die auf Hochglanz polierte Lackfront eines multifunktionellen Wandsystems. Die Vitrine mit der Punschterrine, dem Danziger Goldwasser und dem gedrechselten Flaschenstöpsel aus Interlaken wird man vergeblich suchen, es sei denn, man befindet sich in Hamburg-Langenhorn oder in einer anderen spätbürgerlichen Enklave. Synkretistische Gestaltungslinien beherrschen das moderne Wohnzimmer – Korbmöbel wie auf Jamaica, Schränke wie im Chiemgau, Easy Chairs wie südlich von Nottingham. Der Stilbruch wurde gleichsam zum Prinzip erhoben.

Man sucht in der Wohnfrage Anschluß an internationale Standards. Die Zeremonialmöbel in den Penthouses von Hannover halten einem

Vergleich mit dem Ausland stand. Sehen lassen konnten sich auch die Villen der DDR-Elite in Volvograd alias Wandlitz. Bloß der offene Kamin ist nicht so gefragt wie in England oder den USA. »Wir wollen nicht vorne braten und hinten mit den Zähnen klappern«, sagte uns einer unserer informellen Mitarbeiter.

Das Jahr der Frau, international zur Beförderung der Emanzipation gedacht, hat in Deutschland der Küchenmodernisierung wichtige Impulse gegeben. Die Küche aus Resopal wurde durch die individualisierte Schreinerküche ersetzt, im Eßbereich die Ecklösung in amerikanischer Kirsche gewählt. Tischdecken aus Wachstuch haben ausgedient. Die Kartoffelsuppe mit Schweinsrüssel dampft auf einem englischen Weichholztisch. Die Hausfrau legt größeren Wert auf die Echtheit des Designer-Anspruchs als auf die vorgesetzten Speisen.

Aus der „Neuen Osnabrücker Zeitung".

Möbelkunden sind wählerisch geworden. Sie verlangen zurückhaltende Eleganz plus den soliden Lattenrost. In den Schlaf- und Ruhezimmern finden wir die Halogenbeleuchtung mit umlaufendem Kranz. Liebesgötterchen und seidene Bettwäsche machen die Schlafkultur bis ins kleinste erlebbar. Bettgeschirre, die zu den ältesten gesichert datierten Artefakten Zentral-

Neue Möbel, neuer Mensch – ein Paradebeispiel für eine gut durchdachte Innenausstattung im Haus eines ehemaligen Nationaltorhüters. Bei dieser Sitzprobe im eigenen Heim schwingt ein gewisses selbstbewußtes Understatement mit.

europas gehören, werden aus purer Sentimentalität beibehalten.

Denn die meisten Wohnungen verfügen über ein bis in den letzten Winkel durchgestyltes Badezimmer mit einem Modulaufbau, wie man ihn so überzeugend weltweit nur selten antrifft. Ein Spülkasten mit zehn Litern Inhalt gilt als das absolute Minimum. Den Leib offen zu halten, ist ein historisches Anliegen und der Abort die wahre Befreiungshalle. Glasierte Stankrohre und vernickelte Klappenverschlüsse greifen diese Tradition auf, sorgen für eine helle und luftige Atmosphäre und geben dem diffusionstheoretisch eingestellten Ethnologen wenig Stoff. Das Toilettenpapier ist aus doppellagigem, gemustertem Tissue, lediglich die Ostdeutschen wollen auch nach dem Anschluß von ihrem grauen, unperforierten Papiersurrogat aus Dessau nicht lassen.

In der Architektur gilt es ebenfalls eine große Tradition hochzuhalten. Einer der ersten Bundespräsidenten war früher Architekt gewesen. Allerdings sind nicht mehr alle Bürger mit der architektonischen Entwicklung zufrieden. Der forcierte Bau von Einfamilienhäusern hat vielerorts zu einem Siedlungsbrei aus Tuffsteinquadern geführt, der in den Vorgärten zutage tretende Rasenwahn ist schlicht ein Ärgernis. Die meisten wollen in kleinen geduckten Häusern leben, aber sie fügen sich nicht überall so gut in die Landschaft ein wie in Friesland, wo sie zu Flundern und Plattdeutsch passen. Die Bausünden der Vergangenheit haben das *sick building syndrome* entstehen lassen: Gebäude, die krank machen, Rachenbeschwerden und andere Malaisen erzeugen. Die bauliche Zukunft gehört dem Niedrigenergiehaus aus Naturbaustoffen. Wer schon eins hat, läßt sich zufrieden auf seiner Gartenbank »Oberwaltersdorf« nieder und betrachtet sein Krüppelwalmdach von außen.

Eine Stadtwohnung hat Vorteile, weil von hier Kaffeestube, Boutiquen und Hautklinik leichter zu erreichen sind als von den mit öffentlichen Verkehrsmitteln unterversorgten Landregionen aus. Der große Nachteil einer Stadtwohnung ist der Lärm. Wenigstens sind die wichtigsten Lärmsorten inzwischen klassifiziert worden. Man unterscheidet Verkehrslärm, Industrielärm, Baulärm sowie Schank- und Gaststättenlärm. Dazu gesellt sich der Wohn- und Alltagslärm. Er summiert sich aus dem Schlagen von Türen, dem Bellen von Hunden, dem Ballspiel überreizter Kinder während der Mittagszeit. Die kommunalen Lärmschutzbeauftragten empfehlen den Lärmbetroffenen als erste und einfachste Maßnahme das Gespräch mit dem Verursacher, etwa dem Nachbarn als Veranstalter eines Festes. Bei Gewerbelärm kann man sich an das Gewerbeaufsichtsamt wenden, bei Baulärm an die Stadtverwaltung, bei Gaststättenlärm direkt an den Regierungspräsidenten. Bei gemeinem Wohn- oder Alltagslärm bleibt nur die Polizei. Bei Lärm am Arbeitsplatz sind das Gesundheitsamt und die Berufsgenossenschaft zuständig. Aus Frustration über den Behördenwirrwarr hat sich eine private Aktionsgruppe Akustik gebildet, die ihr Mitteilungsblatt am liebsten nachts druckte, worauf sich einige Anlieger beschwerten. Daraufhin kam in der Morgendämmerung ein Lärmmeßfahrzeug angerumpelt und riß ganze Straßenzüge aus dem Schlaf.

Lärm ist nur einer der Gründe für die anhaltende Stadtflucht. Plötzlich bezogen bestimmte Kreise in der Toskana oder in Oberbayern alte Bauernhäuser mit niedrigen Türstöcken, und plötzlich redeten alle vom aufrechten Gang. Dabei wissen sie seit ihrer Schulzeit, daß der einzige Vorteil des aufrechten Gangs darin besteht, daß einem treppab das Blut nicht in den Kopf schießt. Zweitwohnsitze haben die Verbreitung des Anrufbeantworters mit Fernabfrage beschleunigt. Nach einer technischen Lösung, wie zwei Anrufbeantworter miteinander kommunizieren können, wird noch gesucht.

Die Raumnot in den Städten zwang viele Menschen, sich eine provisorische Bleibe zu suchen wie diese mit einem Ausländer verheiratete deutsche Frau.

Der Wohnungsmarkt ist einer der bizarrsten Märkte. Es gibt in den alten Bundesländern etwa eine Million Wohnungssuchende und ebenso viele freistehende Wohnungen, nur eben in einer anderen Preiskategorie.

In den neuen Bundesländern stehen die ältesten Häuser. Die dortige Wohnungsnot hat Konsequenzen für den Arbeitsmarkt. »Die Leute müssen wieder mit einer Wohnung und einem Arbeitsplatz versorgt werden«, schrieb die *Thüringische Landeszeitung*, »damit sich der Teufelskreis schließt.« Die permanente Wohnungsknappheit hat dazu geführt, daß Wohnungssuchende sich Hausbesitzern nur unter Demutsgebärden nähern. Wohnungsvermieter lassen eine gewisse *highhandedness* erkennen. »An Kaspers vermieten wir nicht«, erfuhr eine der größten Charakterdarstellerinnen auf Wohnungssuche in Hamburg. Bei den Mietern haben sich zahlreiche Beschwerden gegen ihre Hausherren angesammelt, zum Beispiel, daß sie die Heizung nicht nach dem Thermometer, sondern nach dem Kalender anstellen. Doch sind in letzter Zeit auch einige mieterfreundliche Urteile ergangen. Dübel- und Bohrlöcher müssen beim Auszug nicht mehr zugegipst werden, hat der Bundesgerichtshof entschieden.[1] Die Klausel »Das Halten von Haustieren ist unzulässig« darf nicht auf Gold- und andere Zierfische ausgedehnt werden. Der Bann gegen sonstige Haustiere wurde allerdings beibehalten, zum Besten der Mieter. Hunde und Katzen haben als alte Weggefährten des Menschen nämlich nicht nur bleibende Spuren in der Kulturgeschichte hinterlassen, sondern auch auf Wohnzimmerteppichen und der Auslegeware im Flur.

---

[1] AZ VIII ZR 10/92

Rechtspflege

Die Rechtsprechung der Germanen beginnt mit dem Salischen Gesetz von 507 n. Chr. Es regelte den Diebstahl von saugenden Ferkeln und wenn jemand einen Habicht vom Baum herabgestohlen hatte. Außerdem wurden für Gewalttaten die Geldstrafen samt Umrechnungskurs festgelegt: »Wer jemand so auf den Schädel geschlagen hat, daß das Gehirn freiliegt, werde um 1200 Denare, das sind 30 Schillinge, gebüßt.«

Um 1200 tritt Berthold von Regensburg in Erscheinung, der erste Frauenrechtler. In seiner *Deutschen Predigt* erläutert er die vorgegebene göttliche Ordnung im Verhalten des Ehemanns zur Frau: »Du sollst ihr allzeit die Haare nicht ausziehen umsonst und um nichts sollst du sie schlagen, solange dich gutdunket und schelten und fluchen und andere böse Handlungen antun unverdient. Du sollst dein' Hausfrau nicht mit dem Fuß vor den Ofen stoßen.« Durch das Vorpreschen der Frauenrechtler geriet das Elend der Männer in Vergessenheit. Heinrich IV. ist von seiner Frau Bertha mit Schemeln und Stöcken so zugerichtet worden, daß er halb tot liegenblieb und sich einen Monat lang nicht mehr aus seinem Gemach fortrühren konnte.

Zur Rechtstradition des Landes gehören Beinschrauben und Folterbirne, Karbatschen und spitze Pflöcke, die man Tatverdächtigen unter die Nägel trieb. Man stößt jedoch immer wieder auf Beispiele, wo der Herr des Verfahrens Gnade vor Recht ergehen ließ. Ein Verräter unter Friedrich Wilhelm I. hätte es verdient gehabt, mit glühenden Zangen zerrissen und aufgehängt zu werden. Doch ließ es der Monarch in seiner Großmut mit einer einfachen Enthauptung sein Bewenden haben.

Die Zahl der todeswürdigen Delikte schwankt in der Geschichte. Friedrich Theodor Vischer wünschte sich 1879 die alten Zeiten herbei, als auf Lebensmittelfälschung noch die Todesstrafe stand. Er selbst wäre sehr dafür gewesen, Weinfälscher hinzurichten. »Hätten wir ein strengeres Strafgesetz! O, wie die Äpfel im Herbst sollten mir die Schurkenköpfe fallen!« Im III. Reich waren 46 Straftaten mit dem Tode bedroht. Weinpanscherei war wieder nicht darunter.

Der Schutz vor Vergewaltigung wurde lange Zeit Regelmechanismen überlassen, die man der Natur abgeschaut hatte. Als besonders vorbildlich gilt auf diesem Gebiet die Keuschheit der Steppenantilope. Ein bekannter Frauenarzt schrieb über dieses Tier: »Wenn die Mädchen sich ebenso eindringlich und nachhaltig schützen würden und die Genitalien wirklich körperlich mehr verteidigen würden, so verstummten bald die immer wieder in der Praxis geäußerten Klagen über eine stattgefundene ›Vergewaltigung.‹«[1] Vergewaltigungen werden nur

---

[1] Dr. med. Heinrich Offergeld, Die Formen der Paarung und das Liebesleben in der belebten Natur, Pfullingen 1932, S. 27

unter Ausschluß vernünftiger Zweifel strafrechtlich verfolgt.

Auf dem Weg in die multikriminelle Gesellschaft ist man ein gutes Stück vorangekommen. Im April und Mai steigt die Kriminalitätskurve an, wenn die Gliedvorzeiger wieder ins Freie treten und die Erwerbstätigen ihre Lohn- und Einkommensteuererklärung verüben. Die Steuermoral läßt zu wünschen übrig, doch genieren sich einige Geschäftsleute inzwischen, die Kosten von Callgirls als Spesen abzusetzen.

Für die Resozialisierung der Täter mit dem weißen Kragen (*white collar*) wird einiges getan. Ein liberaler Politiker, der wegen illegaler Parteispenden und Steuerhinterziehung vor Gericht stand, erhielt als Ansporn für einen Neuanfang die Thomas-Dehler-Medaille. Im selben Jahr wurde ein anderer Mitbürger mit dem Theodor-Heuss-Preis ausgezeichnet. Er hatte Wiedergutmachungsgelder abgezweigt, die ihm nicht gehörten, indem er einfach seine eigene Kontonummer in die Überweisungsformulare hineinschrieb.

Die deutschen Gerichte sind überlastet. Da sind einmal die zahlreichen Verfahren wegen Körperverletzung durch Ruhestörung, ein Delikt, das nach § 223 StGB mit Freiheitsstrafen bis zu drei Jahren geahndet werden kann. Einen zweiten großen Komplex machen die Verkehrsstrafsachen aus. Die Gerichte werden auf diesem Rechtsgebiet mit Klagen und Anzeigen förmlich überschwemmt. Entgegen verbreiteter Meinung geht es in der Mehrzahl der Fälle nicht um Trunkenheitsdelikte oder falsches Überholen, sondern um die Personenbeförderung auf landwirtschaftlichen Anhängern, wenn diese von Traktoren gezogen werden, die mit verbilligtem Dieselöl fahren.

Deutschland ist im allgemeinen ein sicheres Reiseland, doch gibt es einige Risikozonen, die man lieber meidet, etwa das Grenzgebiet zwischen Sachsen und Franken; die beiden Stämme waren sich noch nie grün. Bis auf Sargstedt, dem Dodge City des Harzvorlandes, ist die Mordrate niedrig, Totschlag ein relativ seltenes Delikt, »selbst Hitler mußte sich selbst umbringen«, klagte Martin Walser. Leichen ermordeter Personen werden immer zufällig gefunden, entweder von Spaziergängern oder von Joggern. Wie überall auf der Welt setzen noch am Tatort Vermutungen über den möglichen Täter ein. Bei einer zerstückelten Frauenleiche zum Beispiel fällt der Anfangsverdacht auf Metzger oder Chirurgen. Bei der Entscheidung, ob Mord oder Selbstmord vorliegt, muß berücksichtigt werden, ob die Lokalisation der Einschußöffnung nicht etwa durch die gerade herrschende

„Beiß doch", schrie sie – drei Jahre Gefängnis

Nicht immer gelingt es Gerichtsreportern, den juristischen Kern eines Strafverfahrens auf den Punkt zu bringen.

Frauenhutmode beeinflußt wurde. Seit Jahren versuchen Kriminologen dem Urgrund des Killerinstinkts auf die Spur zu kommen. Aber die Experten sind mit ihren Überlegungen nicht einmal so weit gediehen wie die durchschnittlichen Zeitungsleser in den Vorortzügen oder die in den Fernsehsesseln aktiv am Zeitgeschehen teilnehmenden Bürger. »Wer und wie ein Mörder ist«, kapitulierte ein forensischer Psychiater von Weltrang, »weiß nur der Laie.« Sehr viel hängt eben auch immer von der Definition ab. Als ein christdemokratischer Politiker unter mysteriösen Umständen tot in der Badewanne seines Genfer Hotels gefunden worden war, erklärte ein Angehöriger, daß der Tote eines »natürlichen Mordes« gestorben sei.

Beim Gattenmord hat sich eine leichte Verschiebung von E 605 zu Zyankali *light* ergeben, doch kommen nach wie vor auch stumpfe Gegenstände zur Anwendung. In London erschlug ein international bekannter deutscher Schauspieler (»Ich denke oft an Piroschka«) seine Gattin der Einfachheit halber mit einem Stuhlbein. Mordtaten im Prominentenmilieu sind stets ein Medienereignis. Als in Berlin ein populärer Boxer und ein geachteter Fußballtrainer in den Verdacht geraten waren, ihre Gattinnen gewaltsam beiseite geschafft zu haben, schwärmten Kinderbuchverleger schon von Titeln wie BUBI UND FIFFI ALS FRAUENMÖRDER. Da wurde auf Teneriffa ein renommierter Filmregisseur (»Grün ist die Heide«) von seiner Gattin ermordet, das gleiche Mißgeschick traf in Südfrankreich einen Bestsellerautor (»Nächstes Jahr in Jerusalem«). Die Frauen stachen zurück, die Branche mußte umdenken. Nur der Präsentator der Sendung *XY – ungelöst* will immer noch nicht wahrhaben, daß es Verbrecher ohne Wollmützen und Dreitagebart gibt.

Politische Straftäter bleiben unbehelligt, sofern sie ein bestimmtes Niveau nachweisen können. »Der reine Überzeugungstäter«, sagte ein Bundestagsabgeordneter im Jahre 1951, »ist kein gemeiner Verbrecher, er mag ganz rechts oder ganz links stehen. Hat er aus reiner Überzeugung gehandelt, so ist ihm mit Mitteln eines kriminalen Strafrechts nicht beizukommen.« Von den Kriegsrichtern, die im III. Reich 30.000 Todesurteile an Soldaten vollstrecken ließen, ist keiner belangt worden. Dem Ersten Parteisekretär der DDR (Ex) wurde unter Beachtung aller rechtsstaatlichen Vorschriften der Prozeß gemacht. Großmütig verzichteten maßgebliche Bonner Politiker auf das Kronzeugenprivileg. Der § 357 des Strafgesetzbuches über Mitwisserschaft brauchte erst gar nicht bemüht zu werden.

Das Recht ist unteilbar. »Sie werden hier nach deutschem Recht geschieden«, erfuhr eine aus der DDR übergesiedelte Klientin von ihrer Rechtsanwältin. Die Unteilbarkeit des Rechts schließt nicht aus, daß die Paragraphen biegsam sind. Deswegen konnte der Mord an einem Angolaner als jugendtypische Verfehlung einiger Skinheads eingestuft werden. Manchmal hat es den Anschein, als seien die Gesetze nichts weiter als Phantome und als dienten Rechtsverordnungen nur der allergröbsten Orientierung. Kaum hatte das Bundeskartellamt den Zusammenschluß von Daimler und MBB untersagt, fusionierten die beiden Rüstungskonzerne. Viermal hintereinander ist der Haushalt des Saarlandes für verfassungswidrig erklärt worden. Auf den Spruch des Landesgerichtshofes reagierte niemand. Das gesunde Rechtsempfinden will als verfassungswidrig nur anerkennen, was zur Absenkung des Einkommens führt.

Heilkunde

Im medizinischen Rokoko bestrich man die Patienten, die unter Fußgicht litten, mit Schafgalle und Geißkot; rieb schmerzende Herzmuskeln mit verkrümeltem Tabak und Bienenhonig ein; hängte Urin in den Rauchfang und rief: »Oben hinaus und nirgends an!« Impotenten wurde empfohlen, sich frisches Rindfleisch auf die Lenden zu legen. Gegen Hartleibigkeit sollte ein Einlauf aus gelöstem Eselsmist, Terpentin und Senfkörnern helfen.

Auch nachdem die moderne Medizin mit Hydropathie und Gesundkotzen ihren Anfang genommen hatte, wurde die Ärzteschaft von der Bevölkerung mit großer Skepsis beäugt. Kennten die Mediziner die wahre Heilkunst, hieß es, hätten sie viereckige Hüte nicht nötig.[1] Trotz verbesserter Medizinerausbildung stieß man noch auf Doktoren, die das Klopfen eines Abszesses mit dem Schlagen des Herzes verwechselten. Ein junger Arzt, meinte der Volksmund, braucht drei Friedhöfe. Doch können er und seine Patienten darauf trauen, daß die meisten Gebrechen trotz der Behandlung vergehen.

Unübersehbar ist der medizinische Fortschritt. Die physiologische Erscheinung des Te-

---

[1] Vgl. *Das Kleid des Arztes*; Nr. 7/1934

legraphistenkrampfes gibt der Medizin heute keine Rätsel mehr auf. Die medikamentöse Bekämpfung der Brontophobie (Gewitterfurcht) und andere Errungenschaften deutscher Ärzte sind längst Medizingeschichte. Die Entdecker des Zwischenkieferknochens und der Großtrommelträgerhaltung waren Deutsche. Ein Deutscher war es, der in riskanten Selbstversuchen herausfand, daß Selbstschwächung auf Dauer zu einer Ausdörrung des Rückenmarks führt.

Sogar Schwerstkranke sind nicht mehr ganz ohne Hoffnung. Auch der nikotinsüchtige Alkoholiker hat seine Alternative: Leberzirrhose oder Lungenkarzinom. Nach dem Motto *non olet* werden Lungenschäden mit Mitteln der Philip Morris Stiftung erforscht. Die Erkrankung der oberen Luftwege kann leichter therapiert werden, seit man weiß, daß es zwei Arten von Grippe gibt, die Virusgrippe und die taktische Grippe zur Überbrückung eng beieinanderliegender Feiertage.

Zu den am häufigsten auftretenden Krankheiten zählt der Drehkater, das Pfeiffersche Drüsenfieber und der Bückschwindel. Eine negative Begleiterscheinung der Postmoderne sind lungengängige Asbestfasern sowie erschlaffte Verdauungsapparate und Schließmuskeln. In der Statistik ganz oben stehen Schuppen, Magengeschwüre und Urethritis. Der Sturz im Bad ist zu einer der meistgenannten Verletzungsursachen geworden, so daß Krankenkassen und Privatversicherungen die Benutzung genoppter Gummimatten in der Badewanne ab dem vollendeten 50. Lebensjahr obligatorisch machen. Viele Alltagsgespräche drehen sich um die Qualität von Ärzten und Krankenhäusern. Informationen darüber, wo einem zerklüftete Rachenmandeln klinisch sauber abgeknipst werden, machen schnell die Runde. Die Schwere einer Erkrankung wird im öffentlichen Diskurs gerne als Feldvorteil eingesetzt. Ein Gesprächspartner mit weniger als einem halben Liter abgelassenem Eiter oder einem Myom unter drei Pfund wird selten ganz ernst genommen.

Bis zu einer durchgreifenden Gesundheitsreform wurden Tabletten verbraucht wie Kartoffelchips. In jedem Haushalt sind mindestens fünf verschiedene Schmerzmittel vorrätig. Eine typische Hausapotheke enthält neben dem allgegenwärtigen Klosterfrau-Melissengeist je ein Mittel gegen zweierlei Sorten Pickel, solche mit weißen und solche mit schwarzen Köpfen. Ferner wird für unentbehrlich angesehen Valium, ein Kinderberuhigungstee, Agar-Agar-Gelatine, die Hämorrhoidalsalbe Dr. Manthe's, das Klepperbeinsche Magenpräparat, Okklusivpessare und vielleicht Spanischfliegenpflaster und Bibergeil. Die vermutete Heilkraft wird mit der Zahl der Umlaute in Verbindung gebracht, wie bei Römischkümmelöl. In den ärmeren Haushalten werden auch Zahnstocher in der Hausapotheke aufbewahrt.[2] Im Schwäbischen nimmt

---

[2] Hans Sachs, Zur Kultur- und Kunstgeschichte des Zahnstochers, Dillingen 1935

die Hausfrau unverbrauchte Medikamente zum Putzen.

Die akademisch gebildete Schicht konsultiert in Ergänzung zum Hausarzt einen Hausherbalisten. Manche haben sich ganz der Alternativmedizin verschrieben und erteilen entsprechende Ratschläge (»Das kann Ihnen jeder Curandero sagen!«). Auf Leute, die an der Wirkung von Bachblüten zweifeln, reagieren sie mit Wutausbrüchen.

Die Schulmediziner achten sorgsam auf die Standesehre. Der Patient wird immer noch geschröpft und soweit wie möglich ausgeblutet. Die meisten älteren Patienten sterben über ihre Verhältnisse. Medizinerbünde sind exklusive Gesellschaften von beträchtlichem politischem Gewicht. Das Ziel dieser Bünde ist die Besitzstandswahrung. Ärzte befinden sich an der Spitze der Einkommenspyramide, lediglich die Zahnärzte leben von der Hand in den Mund. Erfahrene Mediziner besprechen auf ihren Tagungen, wie man bestimmte Krankheiten »auslastet«, das heißt, wie man nach der Gebührenordnung möglichst viel herausholt. Wer zum Augenarzt geht, weil er seine alte Brille zerbrochen hat, muß hernach feststellen, daß er an Myopie, Astigmatismus, Exophorie und Asthenopie leidet – und hatte sich bis dahin nur für kurzsichtig gehalten. Seit der Auflösung der DDR ist die Sozialmedizin noch weiter in den Hintergrund getreten. Dort waren wenigstens Hasenscharten kostenlos operiert worden, weil die Regierung das Wort vom Arbeiter- und Mauerstaat nicht dulden wollte.

Geschlechtskrankheiten wie der weiche Schanker und der scharfe Tripper stellen nach wie vor ein volksgesundheitliches Problem dar. Doch genießen kleinpustulöse Syphilide oder galoppierendes Rutenschwinden nicht mehr so viel Aufmerksamkeit, seit sich die Aidskrankheit zu einer echten *folk illness* entwickelt hat. Es gibt zahlreiche Vorschläge, die Seuche in den Griff zu bekommen. Die Mütter raten zu Ringelblumensalbe oder Brennesseltee, Homophile schwören auf die Gleitcreme »Sedlmayr«, aus den USA wurde ein Wirkstoff aus chinesischen Gurken importiert. Sogar Musiktherapie ist schon ausprobiert worden. Allerdings sollte man bei der Auswahl der Kompositionen Vorsicht walten lassen. Womöglich hat sich in Schuberts »Mit meinen heißen Tränen« schon das Virus eingenistet. Eine wachsende Zahl von Kunst- und Filmschaffenden ist dazu übergegangen, Artikel über HIV nicht mehr zu lesen, sondern nur noch auf den Fotos nach bekannten Gesichtern zu suchen.

Die meisten Bürger sind über seelische Störungen erstaunlich gut informiert. Sie reden über *double bind* und *borderline cases* wie über das Wetter oder das Kantinenessen. Die Psychiater versuchen dem Rest der Bevölkerung terminologisch immer einen Schritt voraus zu sein. Dadurch wurde die Benennung von Krankheiten immer komplizierter. Aus einer Westberliner Privatklinik stammt die Diagnose »neurotische Depression mit vegetativer Symptomatik bei zwanghaft-depressiv akzentuierter Mischstruktur«. Manche meinen, Depressive dürfte man ruhig hinscheiden lassen, weil sie sich als sozial Ausgestoßene sowieso nicht fortpflanzen sollten. Das wäre von der Evolution nicht anders vorgesehen. Der Markt hält für solche Fälle eine Reihe rezeptfreier bromhaltiger Schlafmittel wie Sekundal, Adalin, Dolestan oder die beliebten Halbmondtabletten bereit.

Als relativ unproblematisch gelten ekklesiogene Neurosen von Priestern; sie wären durch eine Aufhebung des Zölibats ganz einfach zu heilen. Phobien sind verbreitet und richten sich auf das somatisch Fremde oder auf die gefürchteten Speisen des DSG-Teams. Gänzlich unbekannt ist allerdings die Omphalophobie, das ist die Angst vor der Betrachtung des eigenen Nabels. Eine starke Zunahme der größtenteils seelisch bedingten Rückenmarksleiden hat zu einer Veränderung der *mating habits* geführt. Mehr und mehr Menschen lernen sich bei der Wirbelsäulengymnastik kennen.

Manchen Krankheiten ist mit einer verbesserten Atemtechnik beizukommen. Diese Ansicht findet Anhänger vor allem in der mittleren Generation. Sie atmen unter Beachtung gewisser Gebärden auf bestimmte Vokale ein und auf bestimmte Vokale wieder aus. Bei der innerorthopädischen Atmungsmassage wird auf a, ei und ou ein-, auf i, e und ü ausgeatmet. Jeder Bürger mit einer frei und luftig gebauten Nasenwand kann auf diese Weise den Stoffwechsel seines Körpers durch erhöhte Schadstoffabfuhr beeinflussen. Pneumatologische Forschungen haben ergeben, daß Lippe und After seit den Tagen des Urdarmkeimblattes in einem innigen Verwandtschaftsverhältnis zueinander stehen. Ein Summen mit den Lippen – mmmmmm oder n n n n n n – pflanzt sich bis zur Aftereinstülpung fort. Richtige Atmung sorgt für freien Stuhlgang, wer auf i einatmet und auf piuhuuuuu ausatmet, erkennt seine vormals dunklen, harten, spärlichen, kleinballigen Ausscheidungsprodukte nicht mehr wieder.

Um das über sie im Umlauf befindliche Stereotyp zu erfüllen, geben sie sich als Stuhlhypochonder. Von klein an werden sie dazu angehalten, für offenen Leib zu sorgen. Die Verdauungsfunktion ist von mythologisierenden Sentenzen umgeben à la deutsch sein, heißt eine Sache um ihrer selbst willen tun. Aus den Leibesgeräuschen kann man eine kulturspezifische Form der Körpersprache heraushören. In jedem Haushalt lagern reichlich Hülsenfrüchte.[3] Doch hält man die Suche nach der tonlosen Bohne zur Minderung sozial unerwünschter Nebenwirkungen für eine Verschwendung von Forschungsgeldern. So wird die teilnehmende Beobachtung auf diesem Sektor gewöhnlich zu einem echten Opfer für die Wissenschaft.

---

[3] D. Isely, »Leguminosae and Homo Sapiens«, in: Economic Botany, 36, 1982

Glaubenswelt

»The German is a metaphysical hamster«, schrieb einer der besten Deutschlandkenner.[1] Im Hessischen wird nicht sofort Erklärbares wie selbstverständlich auf »ebbes Iwwernadirliches« zurückgeführt. Aber schon ein Hölderlin hat seinen Landsleuten unterstellt, sie seien »tiefunfähig jedes göttlichen Gefühls«. Tatsächlich kam uns gerüchteweise zu Ohren, daß viele die Wiederkunft des Herrn weniger beschäftigt als die geplante Abschaffung des zweiten Pfingstfeiertages.

Im kirchlichen Leben hat es einige Veränderungen gegeben. Die Kirche repräsentiert nur noch die Repräsentation, und dies keineswegs konfliktfrei. Früher hatte es geheißen, die Widerwärtigkeiten des Lebens machten Menschen zu unerschütterlichen Christen: die sogenannte Petrusfelsendoktrin. Heute stehen wir vor einer Umkehrung dieser Doktrin. Wenn es im kirchlichen Leben Zwist und Zank gibt, sagt man sich im stillen: »Recht so! Das soll mich auf die Widerwärtigkeiten des Lebens vorbereiten.« Die Einstellung zur christlichen Nächstenliebe hat sich ebenfalls gewandelt. Christsoziale neigen

---

[1] George Bailey, Germans – Biography of an Obsession, New York 1972, S. 356

dem Prinzip Auge um Auge zu, während Agnostiker lieber die andere Wange hinhalten.

Spätestens seit Bismarck werden Kirche und Staat, Religion und Politik streng voneinander getrennt. Der eiserne Kanzler erhielt jahrelang einen Kalender mit frommen Sprüchen der Herrnhuter zugeschickt, die *Loosungen und Lehrtexte der Brüdergemeine*. Er hat eifrig in diesem Kalender gelesen und sich Anmerkungen gemacht. Hinter die Losung vom 11. Juli 1870 –

Modus vivendi.

Pontifex. Nun, bitte, geniren Sie sich nicht!
Kanzler. Bitte gleichfalls!

»Selig sind die Friedfertigen« – setzte er ein Ausrufezeichen. Vier Tage später fand er ein Wort Luthers vor: »Dieser Sache soll noch kann kein Schwert raten oder helfen. Gott muß hie allein schaffen, ohn alles menschliche Sorgen und Zutun.« Bismarck markierte die Stelle und ordnete noch am selben Tag die Mobilmachung an.

Ähnlich ein Bonner Nachkriegspolitiker. Er war in einer katholischen Enklave geboren worden, hatte Ministrantendienste bei den Jesuiten geleistet und sich in der katholischen Studentengemeinde bewährt. In der christlichen Religion sah er nur Vorteile, denn: »Wer C sagt, weiß, wohin er aufzustehen hat, wenn er umgefallen ist.« Auch dieser Politiker hütete sich davor, seinen Glauben mit der politischen Praxis zu vermengen, und rief unerschrocken nach der Wiedereinführung der Todesstrafe.

Vielen ist klargeworden, daß die Anthropologie des Alten Testaments wirklichkeitsnäher ist als die des Neuen. Möglicherweise hatte Jesus sogar eingesehen, daß das mosaische Menschenbild richtiger war als sein eigenes und sich darob in sein Schicksal ergeben. Nach verbreiteter Meinung wäre die Geschichte anders verlaufen, hätte er dem Pilatus mit dem Fischerring eins auf die Schläfe gegeben, statt freiwillig den Weg nach Golgatha anzutreten. Eine Legende erzählt, daß westfälische Söldner es waren, die den Heiland gekreuzigt haben, und daß Pilatus deutscher Abstammung war.[2]

---

2 Robert König, Deutsche Literaturgeschichte, 1906, Band I, S. 47

Durch die Erfindung des Buchdrucks wurde die bis dahin bekannte Welt verändert. Unter Buchdruck versteht man die Kunst, Bücher mittels Buchstaben zusammenzusetzen. Kultur war nun nicht mehr das Privileg weniger, sondern erreichte die Massen. Der Buchdruck beförderte die Reformation und die Verbreitung der Bibel. Dr. Martin Luther übersetzte das Neue Testament in allgemeinverständliches Deutsch und redete einem volksnahen, gelebten Christentum das Wort. Während der Bauernkriege ergriff er mutig Partei gegen die ungehorsamen Bauern und empfahl der gottgewollten Obrigkeit, Aufständische totzuschlagen »wie einen tollen Hund«.

Die Gegenreformation stand unter der Devise »sauft, freßt, hurt, werdet nur nicht lutherisch«. Luther war wegen seiner schwankenden Haltung in zentralen Fragen in Mißkredit geraten. Einmal riet er den Predigern, »geh flugs hinauf, tu's Maul auf, hör bald auf«, dann wieder zweifelte er die Heiligkeit des Bernhardin von Siena an, des Schutzpatrons gegen Heiserkeit. 1986 sollte das Jahr werden, in dem die Verwerfungen aus der Reformationszeit, die gegenseitigen Verdächtigungen und Beschimpfungen für nichtig erklärt werden. Dies wurde jedoch abgelehnt. Man wollte nichts überstürzen.

Von einem Berliner Religionssoziologen stammt die Behauptung, der Mensch entschließe sich dann zu innerer Einkehr, wenn er hinten nicht mehr hochkann. Das Christentum ist tatsächlich besonders attraktiv für solche Menschen, die nicht begütert genug sind, um ohne Religion auszukommen. Mit wenig Geld läßt sich gar kein anderes Leben führen als ein christliches. Bestimmte Gläubige will die Kirche nicht haben. Sie segnet zwar notfalls Motorradfahrer oder Panzersoldaten, weist aber Homophile schnöde ab.

Das größte aller kirchlichen Feste ist traditionell das Weihnachtsfest. Der sogenannte Weihnachtsrummel führte dazu, daß die meisten Bürger diesem Fest inzwischen mit Angst untermischte, zwiespältige Gefühle entgegenbringen.

> Mir ist das Herz so froh erschrocken,
> das ist die liebe Weihnachtszeit.

Die Frau eines sozialdemokratischen Politikers der ersten Stunde hatte eine regelrechte Allergie gegen Christbäume entwickelt. Als sie einen solchen im Krankenzimmer ihres Mannes vorfand, öffnete sie stracks ein Fenster und warf ihn hinaus. Insgesamt scheint die Bedeutung des Festes abzunehmen und hinter eher weltliche Ereignisse zurückzutreten. Der bedeutendste Musikkritiker des Landes schrieb nach der Aufführung eines Weihnachtsoratoriums bedrückt: »Zwar ist uns wieder ins Bewußtsein gehoben worden, daß in Bethlehem das Christkind geboren wurde. Aber noch nie habe ich so stark gefühlt, was es in Wahrheit bedeutet, daß Karl Richter im Februar starb.«

Die Sündhaftigkeit des Menschen wird jeweils zum Jahreswechsel mit Dreikönigswasser und geweihter Kreide bekämpft. Beichtväter vernehmen viel von unangepaßter Geschwindigkeit, Fleischesverirrungen und imaginierter Tötung des Lebenspartners. Der Dekalog wird mitunter zu wertlosen Reliefs herabgestuft, und manche glauben, es würde genügen, in der Bibel nur das Fettgedruckte zu beachten.

Zum Übertritt von der katholischen zur protestantischen Kirche entschließen sich solche, die Weihrauch als *air pollution* empfinden. Ältere Katholiken stehen noch fest auf dem Boden des Tridentinischen Konzils, unter pensionsreifen Studienrätinnen hat der Kreationismus Boden gutgemacht. Jüngere Gläubige suchen nach neuen Formen der Verehrung und verbreiten, Jesus sei halt auch nur *ein* Gott gewesen. Als Ersatzreligion hat die Computerbeschwörung um sich gegriffen. Manche Kreise wiederum beten den Mond an (»Der weiße Mond von Surabaya«). Besondere Verehrung wurde zeitweise einem albinotischen Tennisspieler entgegengebracht sowie einem amerikanischen Popsänger, bei dem männliche und weibliche Merkmale ineinander verschmolzen waren und der bei Massenveranstaltungen zur *participation mystique* einlud.

Den Vorzeichenglauben hat bereits Tacitus als etwas echt Germanisches identifiziert. Die alten Deutschen gaben viel auf das Wiehern und Schnauben der Pferde. Gegen das Verkalben der Kühe sagten sie das Vaterunser rückwärts auf (*manimih ni uht rasnu atta*). Im Hochmittelalter wuchs dem Moschus besondere Zauberkraft zu, den Zibetkatzen über ihre Afterdrüsen absonderten.

Das New Age hat eine Renaissance der Handlesekunst gebracht. Bachblüten sind in der Bohème *de rigueur*. Von den Wänden der Dreieinhalbzimmerwohnungen schallt der Klang magischer Trommeln. Eine starke Fraktion jüngerer Stadtbewohner legt sich beim Betrachten der Tagesschau ostindische Nesseltücher um die Lenden.

Zum esoterischen Renner hat sich die Spatulamantie entwickelt. Die Schulter eines Menschen oder eines anderen großen Säugetiers (Pferd, Kuh, Esel) wird in Wein gewaschen, mit Weihwasser besprenkelt und in ein reines Tuch geschlagen. Der Knochen verändert sich unter Befragung, der Geübte findet die Antworten, die er sucht. Das Brustbein von der Gans läßt man einfach trocknen. Wer es sehr früh am Morgen von allen Seiten betrachtet, kann ablesen, ob der Winter kalt, warm, naß oder schneereich wird.

Von kirchlicher Seite ist zu hören, man fürchte die Konkurrenz der Esoteriker nicht. Vielmehr hätte sich auf diese Weise das Problem der Raumnot in den Kirchen auf befriedigende Weise lösen lassen. Doch ist die Nervosität der Geistlichkeit nicht zu verkennen. An der Spitze der Hierarchie geht die Angst um, den Worten des Imam von Gelsenkirchen werde bald mehr Gewicht zufallen als den Hirtenbriefen aus dem Erzbischöflichen Ordinariat. Einige ihrer angestammten Aufgaben sind den Pfarrern geblieben: den Segen auf Neuvermählte herabflehen; vor der Gefährlichkeit des Koitus warnen; die Menschen zu ihrer letzten Ruhestätte begleiten.

Dem Tod wird mit einer Mischung aus Angst und Abwehr begegnet. Ein Berliner, der zu den himmlischen Heerscharen versammelt werden sollte und bat, seine Frau noch einmal sprechen zu dürfen, erhielt zur Antwort: »Jott, wat soll denn das? Du weeßt doch, ick kann keene Doten sehen.« Tritt der Tod den Menschen an, sind es vor allem die Angehörigen, die ihm unverwandt ins Auge sehen. »Alderle«, sagte eine Schwäbin in der Stunde ihres Absterbens, »kannsch mer a bißle was von dem Zibebewein bringe?« Darauf der Gatte: »Nix Zibebe. Jetz wird gschtorwe.«

Das letzte Hemd hat keine Taschen, weiß der Volksmund. Doch werden den Ehrengeachteten persönliche Grabbeigaben wie die letzte Fernbedienung, eine besonders schöne Puderquaste oder der Lieblingskorkenzieher nicht vorenthalten. Den Trauergästen ist ab einem bestimmten Alter bewußt, daß ein Begräbnis zum andern führt. Bestattungen werden leicht zur Routine, es müßten schon so außergewöhnliche Umstände vorliegen wie bei einem auf mysteriöse Weise aus dem Leben geschiedenen Ministerpräsidenten.[3] Bei Grabreden muß mit einer gewissen Monotonie gerechnet werden. Die kürzestmögliche Leichenrede, die bei winterlichem Wetter gerne hervorgeholt wird, hat man dem besonders kälteempfindlichen Schweizer Dichter Robert Walser abgelauscht: »Hin ist er.«

---

3 »Barschel ohne Herz und Hirn begraben«, *Bildzeitung* vom 2. November 1987, S. 1

Massenmedien

Die moderne Zeitungsgeschichte beginnt mit der Bildzeitung, die am 24. Juni 1952 erstmals erschien. Dieses Blatt muß als ein Produkt des Neonietzscheanismus begriffen werden (»sie erbrechen ihre Galle und nennen es Zeitung«): Die Redaktion predigt die ewige Wiederkehr der Leichen. BILD kennt nicht alle Antworten, stellt aber sehr oft die richtigen Fragen, zum Beispiel nach dem Attentat auf einen Papst: »Waren die Kugeln vergiftet?«

Nur was kontrovers ist, ist kommunikabel. Dieser medienwissenschaftliche Grundsatz ist in Deutschland von eingeschränkter Gültigkeit. Großer Beliebtheit erfreuen sich ausgesprochen unkontroverse Standardmeldungen vom Typus: Wetter – trocken; Börse – fester. Ein gleichbleibender Teil des Lesepublikums ist versessen auf gute Nachrichten (»Daniela kann wieder lachen«). Den Schlagzeilen eignet eine gewisse Vorhersagbarkeit, die sich aus dem Jahresrhythmus ergibt:
– Nach XY-Sendung festgenommen
– CSU droht mit vierter Partei
– Liz Taylor will wieder heiraten

Bei den Leitartikeln lassen sich drei Varianten unterscheiden:
1. Alles ist schlimmer, als man glaubt.

Lange Zeit weigerten sich die Deutschen, ihre Boulevardzeitung auch wirklich auf den Boulevards zu lesen, wie diese Leserin, die im Jahre 1949 ein lauschiges Plätzchen auf einer Burgmauer bevorzugte.

2. Das meiste ist halb so schlimm.
3. Auf die weitere Entwicklung darf man gespannt sein.

Zu den einflußreichsten Tageszeitungen gehört die *Allgemeine Laaber-Zeitung*. Meinungsbildende Zeitschriften sind die *Bonner zoologischen Beiträge*, die *Artillerie-Rundschau*, die *babypost* aus Essen, *Der Beamte im Ruhestand* und aus dem gleichen Verlag der *Wotan*, eine deutsche Zeitschrift für änigmatisches Denken, sowie *Ruhr-Nachrichten*, das tonangebende medizinische Fachblatt.

Bei den Wochenblättern hat das historische Oxymoron ausgedient (*Osnabrücker Intelligenzblätter*). Die Intelligenzblätter von heute tragen lapidare Namen wie *Spiegel, Focus, Woche* oder *Zeit*. Das letztgenannte Periodikum hat Eingang in den Sprichwörterschatz gefunden: »kommt Zeit, geht Rat«. Das vielschillernde Blatt ist kürzlich von einem bedeutenden britischen Naturwissenschaftler unter die Lupe genommen worden.[1]

Die Soraya-Presse widmet sich vor allem genealogisch-historischen Aufzeichnungen aus den Herrscherdynastien. Ein sicherer Verkaufserfolg ist der jährlich erscheinende Busen-Almanach eines Herrenmagazins. Der Hosenlatzjournalismus erhält von Zeit zu Zeit frische Impulse, die sich in der Gründung neuer Zeitschriften niederschlagen. Doch wird der Markt von einigen Großverlegern beherrscht, die Außenseitern keine dauerhafte Chance lassen. Pressekonzentration und Monopolbildung haben freilich vom Arbeitsmarkt her gesehen ihr Gutes, weil zahlreiche Reporter im Nullnummernjournalismus ihr Auskommen finden, das heißt bei solchen Publikationen, die über ein Probeexemplar nicht hinauskommen.

Linksorientierte Untergrundzeitschriften fri-

---
[1] Stephen Hawking, Eine kurze Geschichte der Zeit, Reinbek 1992

sten artgemäß ein Schattendasein in schäbigen Quartieren städtischer Randlagen. Sie stellen beinahe schon ein gesunkenes Kulturgut dar. Ein lebendigeres Wir-Bewußtsein spricht aus den rund 80 Fanzines, die von Skinheads herausgegeben werden und sich auf charakteristischem Diskurs-Niveau mit Fragen des Patriotismus und der Skin-Musik abgeben. Der Dekonstruktivismus wurde hier konsequent zu Ende gedacht.

Der Buchmarkt ist gesättigt, und zwar so sehr, daß manche das Ende der Buchkultur heraufziehen sehen. Mehr und mehr Leser gehen dazu über, sich statt teurer Bücher aktuelle Tapeten mit geschmackvollen Buchrückenmustern zuzulegen. Die neue Meidungsbeziehung zwischen Mensch und Buch steht noch nicht im Zentrum der Forschung, doch konnten wir beobachten, daß auf der Frankfurter Buchmesse alles getan wird, nur nicht gelesen, wobei älteren Besuchern eine passende Ausrede zur Verfügung steht (»Jetzt hab' ich meine andere Brille nicht dabei«). Die ausgezehrten, meist nur noch notdürftig bekleideten Verleger von Printmedien machen für ihren Niedergang die elektronischen Medien verantwortlich.

Das Geheimnis erfolgreicher Rundfunkstationen ist die richtige Programmischung aus fetziger Musik, Königin Silvia in Deutschland, fetziger Musik, Salmonellen in einem niedersächsischen Altersheim, fetziger Musik, Müllvermeiden und fetziger Musik. Einen unverlierbaren Sendeplatz haben musikalische Hörerwünsche.

Sie werden gern mit Grüßen zu Geburtstagen und runden Jubiläen sowie Genesungswünschen verknüpft (»Für Herrn Franz Horn, der mit letaler Zirrhose im Kreiskrankenhaus liegt, spielen wir jetzt die Marschpolka ›Sei zufrieden‹«). Der Schulfunk, traditionell die Domäne der kleinen Talente, ist im Absterben begriffen, trotz markanter Sendungen wie »Eisenerz in Lappland« oder »Das ehemalige Braunkohlenrevier südlich von Leipzig«.

Die höchste Sehbeteiligung beim Fernsehen wurde gleich in den Anfangsjahren erreicht. Bei der Krönung der Queen Elizabeth saßen vor jedem Gerät im Schnitt 26 Personen. Das Fernsehprogramm wird über zwei öffentlich-rechtliche und zahlreiche private Kanäle ausgestrahlt. Der öffentlich-rechtliche Rundfunk ist nach einem Urteil des Bundesverwaltungsgerichts aus dem Jahr 1986 für die »Grundversorgung« der Bürger zuständig, den Privatsendern obliegt die »ergänzende Versorgung«. Ein Verfahren über die Entsorgung ist anhängig.

Die öffentlich-rechtlichen Sender sind gehalten, das Programmangebot untereinander zu koordinieren. Als im Ersten Programm der zweite Teil einer Sendung über den Ersten Weltkrieg lief, brachte das Zweite Programm den ersten Teil einer Sendung über den Zweiten Weltkrieg. Bei Ausbruch eines Dritten Weltkriegs dürfte sich der Beginn der nachfolgenden Sendungen voraussichtlich um fünfzehn Minuten verschieben.

Die Sendeanstalten müssen sich bei der

Lizenzerneuerung verpflichten, ein bestimmtes Quantum an Tierfilmen zu bringen. Der Zuschauer hat einen garantierten Anspruch auf Filme wie »Beobachtungen in einer Sandgrube«, »Colobus-Affen im Nebelwald« oder »Die Entdeckung des schwarz-weißen Baumkänguruhs.«

Kindersendungen fallen auf den Nachmittag oder auf den Samstagvormittag. Kinderfilme verlangen breite Handlungsschemata innerhalb eines engen Zeitraums. Erst spüren Heinz und Wilfried ein verirrtes Meerschweinchen wieder auf, dann helfen sie der Kripo bei der Festnahme eines Serienkillers. Ein ähnlich breites Spektrum decken die Wirtschafts- und Gesundheitsmagazine ab. Jeweils in einer Sendung informiert ein promovierter Herr über Bauschalldämmaße und Milliardenlöcher im Bundeshaushalt, derweil Frau Antje den Umgang mit Heuschnupfen und terminalem Krebs erläutert und kosmetische Tips gibt.

Der Einfluß des Fernsehens auf die Volksgesundheit ist ambivalenter Natur. Seit Einführung der Fernbedienung hat sich das Durchschnittsgewicht gebührenzahlender Fernsehteilnehmer um fünf bis sechs Pfund erhöht. Die Sitzhaltung vor dem Gerät ähnelt dem Stupor, wie er für das Krankenbild der Schizophrenie typisch ist. Der Bildzauber wirkt so stark, daß viele auf den Bildschirm starren, auch wenn minutenlang nur die Studio-Uhr gezeigt wird.

Die Game Show ist die wichtigste Neuerung im Fernsehprogramm. Sie lebt, wie andere Quiz- und Unterhaltungssendungen, von der

Dialektik zwischen heiter-läppischer und tiefer Verblödung. Game Shows sind die Lieblingskinder der Intendanten, weil sie zu den billigsten Produktionen zählen. Man braucht dazu nicht viel mehr als ein Studiopublikum, zwei Rateteams und einen Quizmaster mit einem grellfarbigen Jackett. Durch einen technischen Trick, die Filmschleife, konnten die Produktionskosten noch einmal gesenkt werden. Die Filmschleife ist ein endlos geklebter Take. Er erlaubt die pausenlose Vorführung ein- und derselben Aufnahme, eine Technik, die bei Neujahrsansprachen und beim heiteren Beruferaten entwickelt wurde.

Nachrichtensendungen werden mit Musik angekündigt. Während die Schriftzeichen über den Bildschirm ziehen – ENTHÜLLUNGEN EINES AGENTEN – KLASSENSYSTEM FÜR ARBEITSLOSE – REBELLION VON RECHTS –, spielt eine flotte Bigband tarataratü tirititarata tütü. Zur Grundausstattung jeder Nachrichtensendung gehören Geld und Blut. Der vorhersagbarste Kameraschwenk geht von der Börse zu einem Leichenfeld und von dort zur Wetterkarte. Als wüßten die Zuschauer nach über 40 Jahren immer noch nicht, wie ihre D-Mark aussieht, werden zu Meldungen über Inflationsraten, Diskontsätze oder Tarifabschlüsse bunte Geldscheine fächerartig hingeblättert oder kleine Münztürme aufgeschichtet.[2] Unfälle, Katastrophen und Gewalttaten

---

[2] N. Bolz, Eine kurze Geschichte des Scheins, München 1992

werden dem Publikum so eindringlich wie möglich vermittelt. Einen Flugzeugabsturz oder einen finalen Rettungsschuß sehen die Zuschauer erst in normaler Geschwindigkeit, anschließend in Zeitlupe. Stürzt ein Flugzeug in eine Nachrichtensendung hinein ab, setzt der Anchorman seinen journalistischen Ehrgeiz darein, noch vor dem Ende der Sendung mit der Zahl der Todesopfer und Verstümmelten aufzuwarten. Man nennt dies den Journalismus der warmen Leichen. Jede Nachrichtensendung schließt mit einem Vorgriff auf die nächste Nachrichtensendung und mit guten Wünschen für die Zuschauer: »In der Spätausgabe sehen Sie Palästinenser gegen Siedler – ein Feuergefecht auf der West Bank. Angenehmen Abend.«

Die einzelnen Sendungen folgen mit großer Präzision und ohne nennenswerte Pausen aufeinander. Der Weltspiegel bringt eine Reportage über das Hungersterben in Äthiopien. Die Kamera zeigt in Großaufnahme ein sterbendes Kind. Fliegen auf den verschorften Lippen. Langes Wimmern auf einem Ton. Exitus. Tuch übers Gesicht. Abspann. Sportschau.

Zu den Höhepunkten deutscher Fernsehgeschichte zählten gelungene Krimis. Sie nutzten zur Hauptsendezeit den Spannungsbogen in voller Länge aus (»... und dann liegt Kissling eines Abends tot in seiner Musikalienhandlung«). Die älteren Zuschauer erinnern sich mit wohligem Schauern an eine »Tatort«-Folge mit dem Kammerschauspieler Thomas Holtzmann. Holtzmann gab einen Studienrat, der mit dem

Finger kleine Löcher in die Wände von Mädchentoiletten bohrt. In letzter Zeit ist ein Abflauen des Interesses zu beobachten. Die Einschaltquoten gingen zurück, die Zuschauer finden die Morde aus den Zeitungen wieder schöner. Manchmal gewinnt man den Eindruck, die Drehbuchschreiber würden sich gar keine Mühe mehr geben, dramatische Spannung zu erzeugen. Figuren, die dem Autor langweilig oder dem Redakteur zu unglaubwürdig werden, müssen sterben oder finden sich in polizeilichem Gewahrsam wieder. Gleichzeitig haben die Fernsehkritiker durch Übersättigung nicht nur den Sinn für Proportion und Fairneß, sondern auch jegliches Zeitgefühl verloren. Einer der an-

Prickelnde Spannung bei einen „Tatort"Krimi: Noch weiß der Täter nicht, daß er gleich verhaftet werden soll. Aber er steht ganz oben auf der Liste der hübschen Fernsehkommissarin.

gesehensten Kritiker schrieb über einen im Grunde ganz passablen Krimi: »Im Laufe der endlosen Minuten war man als Zuschauer schnell um seinen sonntäglichen Abend betrogen.« Insgesamt läßt die Fernsehkritik Respekt vermissen. Über den amerikanischen Spielfilm »Piranhas« schrieb ein Boulevardblatt: »Militärgezüchtete Mörderfische beißen Badegäste ins Gesäß. Die Zuschauer müssen das selber machen.«

Die politische Wirkung des Fernsehens ist eher indirekter Natur. In der ehemaligen DDR haben sich die Bürger allabendlich vor dem Westfernsehen eingefunden und sind gemeinsam in die innere Emigration gegangen. Gegenüber ostdeutschen Programmen legten sie eine ausgeprägte Phobie an den Tag. Sobald der führende politische Kommentator auf dem Bildschirm auftauchte, hörte man in den Straßenzügen ein gewaltiges Krachen, weil das Volk geschlossen abschaltete. Es ist dies eine Solidarität, die in ihrer explosiven Charakteristik einmalig sein dürfte.

Die Wiedervereinigung hat die Programmacher in ihrer Philosophie bestätigt (*stultorum numerus est infinitus*), doch hat die Bedeutung des Programminhalts im ganzen abgenommen. Die besten Beiträge sind ohnehin die ursprünglich vorgesehenen, und wichtiger als ein bestimmter Sendeinhalt ist die Art der Präsentation. Das Drehbuch tritt hinter die Technik zurück. Ein Sender wird weniger nach seinem Programm beurteilt als danach, wie gut seine digitalen Effektgeräte arbeiten, mit denen sich Bilder zu Würfeln, Sternen oder Zylindern prixeln, splittern oder wellen lassen. Die Fernsehtechnik hat in der Tat einen beachtlichen Stand erreicht. Der Teleprompter oder »Neger« erleichtert die freie Rede. Eine Lichtquelle auf der Kamera kann Glanzlichter in den Augen der Akteure erzeugen. Für einen alkoholkranken, immer wieder rückfälligen Showmaster ist ein eigenes Rauschminderungsverfahren entwickelt worden.

An der Wiege des elektronischen Journalismus standen Deutsche. Wir waren erstaunt, daß aus dieser Wiege fast nur noch englische Laute schallen. Wer nicht weiß, was Off-tube-Kabinen sind oder Dispatcherräume, wird sich in einer Sendeanstalt nicht zurechtfinden. Da helfen auch Guide-Leitungen nichts oder das Line-Lock-System. Wer des Englischen nicht mächtig ist, wird sich zwischen Feedback-Einrichtungen und Multitrack-Maschinen verlieren, kopflos durch die Blue-Screen-Wand rennen, so er nicht auf einen hilfreichen Menschen stößt, der ihm die Cromakey-Einrichtung erklärt.

Die technische Innovationsrate ist beachtlich. Mit Trockeneis arbeitende Nebelmaschinen werden fortan bei Diskussionsrunden eingesetzt. Die Talk-Show ist zu einem unverzichtbaren Programmbestandteil geworden. Kaum ein Thema, das dort tabuisiert wäre. Die Programmchefs sind erkennbar um Aktualität bemüht, wenn sie Vertreter der Opec-Staaten und großer deutscher Raffinerien mit Hausfrauen über die Verwendung von Nähmaschinenöl diskutieren lassen. Es hat sich ein gesellschaftlicher Typus herausgebildet, der unabhängig vom Thema in jedem Gesprächskreis mitreden kann. Doch gibt es auch welche, denen der feine Unterschied zwischen unterhalten und unterbrechen verborgen geblieben ist. Manche Moderatoren wirken selbst äußerst reizbar, andere sind angesichts einer Runde explosibler Psychopathen nicht zu beneiden. Dann wieder haben sie es mit lauter Phlegmatikern zu tun. Einem Bonner Minister wurde nachgesagt, er könne eine Diskussion beleben, indem er einfach wegbleibe.

Journalisten müssen sich in der politischen Farbenlehre auskennen. Sie sind »Merker«, die etwas sehen, aber keine »Täter«, die etwas bewegen können. Besonders mutige Reporter erhalten einen Preis. Er ist nach einem Kollegen benannt, der nach 1945 den Mut hatte, seinem Antisemitismus abzuschwören. Die journalistische Ethik wurde von unseren Gewährsleuten hie und da in Zweifel gezogen, doch geben sich die meisten mit der Formulierung eines früheren Kanzlers zufrieden, der anläßlich einer Diskussion auf dem Evangelischen Kirchentag in Hamburg gesagt hatte: »Die Fragesteller hier sind keine Journalisten, sondern Christen.«

Dichtung und Prosa

Alle Dichtung vor Goethe wurde mit Gleichgültigkeit oder Unverständnis aufgenommen. Für Friedrich den Großen war das Nibelungenlied »elendes Zeug« und »nicht einen Schuß Pulver wert«. Um so anerkennenswerter, daß deutsche Dichter sich von ihrer Berufung nicht abhalten ließen. Man denke an den Berliner Autor Walther von der Vogelweide (»Unter den Linden«) oder an Hugo von Trimberg, der allerdings – um 1300 – noch sein eigenes Marketing machen mußte: »Renner ist ditz buoch genannt, wan es sol rennen durch diú lant.« Angesichts der erschwerten Bedingungen war der Ausstoß erstaunlich. Hans Sachs hatte bis 1567 nicht weniger als 4275 Meistergesänge gefertigt, dazu kamen über 1500 Schwänke und Schnurren, 208 Schauspiele und vier Paar Schuhe. Erstaunlich deswegen, weil der Papiermangel in der Geschichte der deutschen Literatur eine Konstante ist. Das Hildebrandslied wurde auf die inneren Deckblätter eines Gebetbuchs geschrieben und ist Fragment geblieben, weil kein Platz mehr da war. Die Urschrift des Muspilli steht auf den Rändern und leeren Seiten eines Buches, das Ludwig dem Deutschen gehörte. Zu schweigen von der chronischen Papierknappheit in der ehemaligen DDR.

In der Dichtung unterscheidet man drei Gattungen, das Liebesgedicht, das Gelegenheitsgedicht und die Gebrauchslyrik. Das Bürgertum hat sich beim Konsum von Gedichten als recht wählerisch erwiesen. In den älteren Lyrikanthologien fehlen zwischen Droste-Hülshoff und Lenau ein paar Seiten Heine. Der sympathische Düsseldorfer ist erst nach dem Zweiten Weltkrieg wiederauferstanden, und man kann heute ohne Übertreibung sagen, daß seine Werke leben im Volk. So ist das Minensuchboot M 2665 des 7. Marinesuchgeschwaders auf den Namen Loreley getauft.

Nach 1945 verschwanden Johst, Kolbenheyer, Grimm, Stehr, Blunck und weniger bedeutende Tornisterschriften vom Markt. Wird sich die deutsche Literatur von diesem grausigen Aderlaß je wieder erholen, fragte man bang. Meinte damit aber nicht gerade Goebbels und seinen Roman *Michael*. Eher schon Josef Weinheber, den größten Dichter deutscher Zunge, dem viele es vergönnt hätten, in Wacholderbeeren gedünstet zu werden. Es galt, die Vergangenheit zu bewältigen. Die rasche Verbreitung von Computern verdankt sich dem Umstand, daß Literaten und Journalisten vom Ruch des Schreibmaschinentäters loskommen wollten. Inzwischen lautet der meistgehörte Satz im deutschsprachigen Kulturraum: »Mein Drucker geht nicht.«

Daß Dichterworte ihre Macht noch nicht verloren haben, zeigte sich nirgendwo deutlicher als in der Ostzone. Am 14. Mai 1955 hielt Thomas Mann in Weimar eine zunächst gar nicht sonderlich beachtete Rede über Schiller (»im Felde, da ist der Mann noch was wert«). Nur einen Tag später beschloß die SED die Aufstellung bewaffneter Streitkräfte. Alle Literatur in der DDR hieß Arbeiterliteratur. Der Doyen der ostdeutschen Dichter war Johannes R. Becher, vom Klassenfeind auch Johannes Erbrecher genannt. Er bildete zusammen mit Arnolt Bronnen und Bert Brecht die Säulen des Literaturgebäudes. Ein geflügeltes Wort besagte, der Becher geht so lange zum Bronnen bis er brecht. So geschah es auch. Doch vorher wurden die Werktätigen persönlich aufgerufen, das Heldentum der Arbeit zu feiern, und zwar unter der Losung »Greif zur Feder, Kumpel«. Die Resultate sind nie an die Öffentlichkeit gedrungen, doch scheint man der Kampagne nicht umsonst einen sprechenden Namen beigelegt zu haben, den Bitterfelder Weg.

Die alten Bundesländer haben nur einen Arbeiterdichter hervorgebracht, der logischerweise Jahr für Jahr den Literaturpreis des Ruhrgebiets einheimst, obgleich adligen Geblüts. Die anderen bedeutenden Literaturpreise des Landes sind die Buxtehuder Bulle, der Große Hersfeldpreis, der Ossi-Söldner-Preis und der auf reiner Lotteriebasis vergebene Hans-im-Glück-Preis.

»Sie können doch schreiben!« Mit diesem Satz beginnt das Verhängnis. Ganze Kohorten dergestalt Ermutigter haben vorgegeben, der Faszination der Sprache zu erliegen, damit sie morgens nicht aus dem Haus müssen. Darwin hat einmal einen gefangenen Pavian beobachtet, der in grenzenlose Wut geriet, sobald ihm sein Wärter aus einem Buch vorlas. Der Mensch ist zwar nicht sicher vor dieser Art der Regression, doch sozial auffälliger ist die Publikationswut solcher Personen, die sich im allgemeinen für introvertiert ausgeben. Der Sänger Roy Black trug sich mit dem Gedanken, auf Schriftsteller umzusatteln. Dazu ist es nicht mehr gekommen, doch nicht immer geht es so gut aus.

Bücher sind, anthropologisch gesprochen, extracerebrale Assoziationsketten. Sie erscheinen zweimal pro Jahr, im Herbst und im Frühjahr. Bücher, die zum Herbst fertig werden, genießen die Aufmerksamkeit der Messebesucher in Frankfurt. Bücher, die im Frühjahr herauskommen, haben den Vorteil, nicht im Trubel der Buchmesse unterzugehen. Die Frankfurter Buchmesse ist ein Großereignis. Jedes Jahr wird ein anderes Schwerpunktthema aus der dritten Welt herausgestellt. Aber egal, wie der Schwerpunkt nun lautet, Indien oder Mexiko, es bietet sich das gleiche vertraute Bild. Die Lesewelt flaniert an den Messeständen vorbei, stärkt sich unterwegs mit Räucherlachs und Sekt und sammelt Einladungen für die Abendpartys, um sie nicht wahrzunehmen.

Buchverlage sind auf Gewinnmaximierung angelegt. Es geht darum, von ein und demselben Werk möglichst viele Exemplare zu verkaufen. Den Verlegern ist dumpf bewußt, daß die Bestsellerlisten von heute die Friedhofstafeln von morgen sind. Die höheren Überlebenschancen hat der Longseller. »Es geht den Büchern wie den Jungfrauen«, hatte schon Feuerbach gesagt, »die besten, die würdigsten bleiben oft am längsten liegen.« Die 600 Exemplare der »Traumdeutung«, ein 1899 erschienenes Werk aus der Sparte Erotica, waren erst nach zehn Jahren verkauft.

Die Literaturbetriebswissenschaft steckt noch in den Kinderschuhen. Deswegen kommt es oft zu ganz unvermuteten Verkaufserfolgen wie dem Trostbüchlein fürs Allgäuer Almantriebspersonal oder dem Gudrunlied auf Thai. Umgekehrt hat die Verlagsbranche noch kein Mittel gefunden, sich vor Flops zu schützen. Eine Absatzgarantie wird nur Kochbüchern und Esoterikratgebern eingeräumt. Zu den peinlichsten Mißgriffen der letzten Jahre gehörte *Strom, du Schicksal*, ein aus dem Amerikanischen übersetzter, eigentlich recht flott erzählter Abenteuerroman, der im tragischen Tod eines Hochspannungsingenieurs gipfelt. Daß die große Zeit der Ärzteromane vorbei ist, erwies sich an der liegengebliebenen Auflage des *Doktor Faustus*. Auch der leichte Unterhaltungsroman *Wanderer, kommst du nach Spa* konnte sich nicht durchsetzen. Das belgische Seebad als Handlungsort war nicht attraktiv genug. Zu einem überwältigenden Erfolg geriet dagegen *Das Dunkel ist licht genug*, eine entzückende Tiergeschichte für Kleinkinder mit Bodo dem Maulwurf.

Schriftsteller sind Meinungsführer und nicht, wie der Goethe vom Bodensee es wollte, Randfiguren der holzverarbeitenden Industrie. Sie genießen ein Maß an Ansehen in der Gesellschaft. Ein mächtiger Hamburger Verleger warf sich vor einer seiner Autorinnen auf die Knie und überreichte ihr eine Blume, obschon es der Darbenden vor ihrem Selbstmord lieber gewesen wäre, wenn der Mann ihr ein paar tausend Mark zugesteckt hätte, und sei es von oben herab.

Ehe die Schriftsteller des Landes mehr oder weniger geschlossen einer Gewerkschaft beitraten, hatten sie sich in einer informellen Gruppe organisiert, die mit einer zweistelligen Zahl gekennzeichnet war. Die Clubmitglieder mußten sich verpflichten, eine Metapher, die sie einmal beim Wickel hatten, nicht mehr loszulassen. Aufnahmebedingung war, daß der Prosastrom aus dem Bewerber nur so dünn herausrieselte, daß die andern sich beim Durchwaten die Sohlen nicht feucht machten. Diese Regel war zu beachten, wenn die Mitglieder sich gegenseitig aus ihren Werken vorlasen. Hoch im Kurs standen Momentaufnahmen. Darunter verstand man Prosastile, wo dem Autor zu seinem Gegenstand nicht mehr eingefallen war.

Der große Außenseiter der deutschen Literatur war Der von Bargfeld. Aus Wut, nicht in die Gruppe 47 aufgenommen worden zu sein, begann er damit, Etyme zu zertrümmern. Daraus wurde eine Karriere. Der Etymzertrümmerer hatte zahlreiche Anhänger unter der radikalen Jugend. Bargfeld, nur eine kleine Tagesreise von Göttingen entfernt, war ein beliebtes Ausflugsziel von Studenten, die an Wochenenden in hellen Scharen ihre Räder bestiegen, in Bangemanns Posthalterei Quartier bezogen und auf das Erscheinen des Meisters hofften.

Die größte deutschsprachige Autorin der Gegenwart ist Ingrid Bachér. Ihr glückte mit dem Roman *Das Paar* (1980) ein durchschlagender Erfolg bei Publikum und Kritik. Die Dichterin ist in Berlin aufgewachsen und lebt in Düsseldorf. Mit dem unverstellten Blick der Städterin beobachtet sie die bäuerliche Kultur im Tal des Flusses Niers. Der erste Satz ihres Erfolgromans ist bereits in den Zitatenschatz eingegangen: »Nicht er rief mich zurück.« Martin nämlich, der nach einem Unfall sprachlos ist. Auch Anna wird das Opfer eines Verkehrsunglücks. Bei einer Radtour merkt sie, daß die Wiesen von Hecken eingefaßt sind, »die sich beim Fahren hintereinander verschieben«. Der Notarzt wird verständigt, trifft aber zu spät ein.

Die Literaturkritik ist periodisch angelegt. An geraden Wochenenden wird in den Feuilletons das Debüt eines genialischen Erzählers gefeiert, an ungeraden das Fehlen eines ebensolchen bitter beklagt. Manchmal scheint es, als solle das »Besprechen« von Büchern den Autoren Heilung bringen. Eine junge Dichterin mußte sich bei einer Talk-Show von einem Kritiker vorhalten lassen, »Ihr Literaturbegriff ist zu eng, gnädige Frau«, und das klang wie aus dem Mund eines besorgten Gynäkologen.

Kritiker und Klappentextschreiber halten sich wegen der hohen Zahl von Neuerscheinungen für überfordert. Deswegen hat ihnen die IG Medien eine Allzweckbesprechung an die Hand gegeben, die sich praktisch auf jeden fiktionalen Text anwenden läßt.

Das Werk entfaltet sich – überquellend in seiner Fülle – mit vollendeter Plastizität und mit geradezu tolstoischem Bekennermut. Schonungslos wird die eigentliche Triebfeder menschlichen Handelns offengelegt. In wundervoll leicht hingespielten Bildern wird in karg sich verdichtender Härte der äußerlich intakte Zivilisationsmechanismus in all seiner suspekten Banalität geschildert, verworfen und schließlich die Hinwendung zur inneren Wirklichkeit vollzogen. Die gestellte Problematik trifft ins Schwarze der Zeit und in die Herzen der Leser.

Seit einer Generation gibt es mehr Angestellte als Arbeiter, seit etwa fünf Jahren mehr Autoren als Leser. Die Dichter wissen sich auf diese Entwicklung bisher keinen Reim zu machen. Einige gestehen ihre Verwirrung offen ein (*Nach Maßgabe meiner Begreifungskraft*), andere flüchten sich ins Idiosynkratische (*eines jeden einziges leben*). Eine dritte Gruppe kaschiert ihre intellektuelle Verlegenheit mit einer Literatur der Langeweile (»Penelope klang überrascht, was sie auch war...«).

Um mehr Lesewillige zu gewinnen, wollen manche ihre Perspektive auf das Leben radikal ändern und ihre Gedanken niederschreiben, wenn sie an einem schönen Maienmorgen durch Wald und Flur streifen. Andere verlangen das gerade Gegenteil: eine neue Politisierung der

Literatur. Schon ist der Vorschlag aufgetaucht, die jüngste Vergangenheit in epischen Begriffen zu sehen, der Nibelungen Not für das 20. Jahrhundert umzudichten und vor allem auch den jüngeren Lesern eine âventiure zu bieten, wie Sleyer, Buback und Ponto wurden erslagen.

Deutsche Dichter haben ohne Frage viel dazu getan, die Schlagbäume einzureißen und die Grenzen zu öffnen. Der mitteleuropäische Autor wird in Österreich geboren, gelangt in Deutschland zu Ruhm und setzt sich in der Schweiz zur Ruhe. Freilich erreicht keiner der heimischen Dichter mehr die Tiefe eines Seuse oder die verhaltene Beredsamkeit von Notker dem Stammler. Früher stand der künstlerisch erregbare Mensch nachts auf und warf mit fliegender Hand ein Sonett aufs Papier. Heute tritt sich der Dichter auf seinem renovierten Bauernhof den Schweinemist von den Absätzen und beugt sich über den PC.

Kunst – Musik – Theater

Die Deutschen, erkannte Martin Opitz, seien zu »den freyen Künsten etwas später kommen«. Er unterließ es, einen wichtigen Grund hierfür zu erwähnen: Geldmangel. Das deutsche Barock, speziell der Reichsstil eines Fischer von Erlach (1656-1723), wurde erst durch die Beute aus den Türkenkriegen möglich. Nur so konnte im 18. Jahrhundert die Armut im Lande durch aufwendige Kunstschöpfungen einigermaßen abgemildert werden. Eine verwandte Funktion übernahm die Kunst im Biedermeier, einer aus Biedermann und Bummelmaier gebildeten Periode.

Zur Gründerzeit hatte Kunst ein Denkmal starken Opfersinns, ein Wahrzeichen deutscher Tatkraft, ein Quellgrund der Weisheit und Schönheit für die kommenden Geschlechter zu sein. Schönheit war Wahrheit und umgekehrt. Das Leben wurde als ernst, die Kunst als heiter empfunden, deshalb war sie mit Strenge zu pflegen. Kunst besaß Ewigkeitscharakter, im Gegensatz zu den Kurzen, die hinnen ziehen mußten. So gut wie alle Bevölkerungsschichten waren sich in diesem Punkt einig.

Die Ankunft der Moderne machte den Konsens zunichte. Das bezeugt ein kunsttheoretisches Gespräch zwischen Friedrich August III. und dem Maler Franz Marc.

»Warum sind die Pferde blau?«
»Ich sehe sie so, Majestät.«
»Mußd'n Se denn da ausgerechnet Maler wern?«

Auch Wilhelm II. näherte sich der Moderne mit Vorsicht. Kunst mußte aus der Schöpfung schöpfen, sonst war sie für ihn keine Kunst. »Sie ist Fabrikarbeit, Gewerbe, und das darf nie Kunst werden.« Als hätte der deutsche Kaiser die mit Modeln hergestellte Airport Art vorausgeahnt.

In der Zwischenkriegszeit hielt der Surrealismus seinen Einzug. Große Beachtung fand ein Bild aus dem Jahr 1935, auf dem über einer unbewölkten Einöde an einem nahen Dorfbrunnen alte Schulkinder mit Schneider und Scheren spielen und aus reinem Übermut Trinkwasser pflücken. Aus Furcht vor den Behörden zog es der Künstler vor, anonym zu bleiben.

Die verschiedenen Kunstrichtungen sind schwer gegeneinander abzugrenzen. Die Postmoderne existiert als Begriff schon seit 1917, ohne daß es bisher gelungen wäre, diesen Begriff gültig zu definieren. Früher war Kunst, was keinen Eintritt kostete. Heute tut man sich mit der Begriffsbestimmung ästhetischer Werte nicht mehr so leicht. Für *Meyer's Taschenlexikon* ist das Schöne eine »prädikative Bezeichnung des Wohlgefallens an sinnlich wahrnehmbaren Gegenständen und Erscheinungen, in dem sich eine unmittelbare Bezogenheit des Urteilenden, doch frei von zweckgerichteten Interessen ausspricht«, aber manchen scheint diese Definition nicht exhaustiv zu sein.

In der ehemaligen DDR herrschte ebenfalls Konfusion, was denn nun schön sei. Aber dort bestand wenigstens keine Unsicherheit bezüglich der Definition des Künstlers. Künstler war, wer eine entsprechende Steuernummer besaß. Wenn dann einer noch Frauen so malen konnte, daß sie einigermaßen wie Traktoristinnen aussahen, war ihm ein Staatspreis praktisch nicht mehr zu nehmen. Um seiner Verwirrung Ausdruck zu verleihen, hat ein ostdeutscher Maler seine Figuren mit den Köpfen nach unten gezeichnet wie bei den Yoruba von Benin.

Alle fünf Jahre findet aufgrund eines Gelübdes in Kassel die Documenta statt. Sie ist weit und breit die größte Kunstausstellung, doch werden dort weniger Bilder und Plastiken als vielmehr Meditationsobjekte gezeigt. Die engagierte, unter die Haut gehende Kunst findet man anderswo.[1] Ein Künstler protestierte mit 200 Büchern aus Blei auf einem acht Meter langen Regal – einer insgesamt 32 Tonnen schweren Skulptur – gegen das frühzeitige Verramschen durch gedankenlose Verleger. Die Neigung zur Bilderstürmerei reicht bis in die höchsten Schichten hinauf. Ein ikonoklastisch veranlagter Politiker, der es später bis zum Bundestagspräsidenten brachte, riß eines Tages zusammen mit Gesinnungsfreunden und ohne große Worte die Bilder eines Malers und Graphikers von den Wänden einer Ausstellung.

Erfolgreiche Künstler haben begriffen, daß sie

---

[1] Gustav Wagner, Dermatologie in der Kunst, Biberach 1970

sich nicht nach dem Markt, sondern den Markt nach sich richten müssen. Trotzdem braucht die Kunst Mäzene und Sponsoren. Ohne die vielen kunstsinnigen Grundstücksmakler und Hersteller von Massenvernichtungsmitteln müßten viele Maler und Bildhauer darben. Das Wirtschaftsleben ist aufs engste mit der Kunst verwoben. Wer eine entscheidende Veränderung auf dem Gefrierfleisch- oder Sojamarkt Sekunden früher erkennt als andere, kann sich von der Marche einen Baselitz oder präkolumbianische Trinkgefäße kaufen.

Kunstkritiker sind von der Idee besessen, das letzte Wort über die Kunst als Kunst zu sagen.[2] Sie sehen in den aufgesetzten Zwiebeltürmen des früher erwähnten Fischer von Erlach nicht die aufgesetzten Zwiebeltürme, sondern das Barock als Anamorphose. Die Lektüre einer der zahlreichen Kunstzeitschriften kann zum spannenden Erlebnis geraten, wenn sich ein Kunstrichter nicht entscheiden kann, ob die poppig gestylten Fetische noch auf der Ebene der individuellen Mythologie liegen oder ob sie bereits die Ängste des Kollektivs behandeln.

Die germanischen Krieger hielten sich bei ihren Schlachtgesängen laut Tacitus die Schilde vor den Mund, damit die Stimme zurückprallte und stärker anschwoll – die erste bekannte Anwendung des Echoeffekts in der Musikgeschichte.

---

[2] vgl. Thomas Altaich, Über die Phantasie als das an sich Irrationale (1992)

Der menschliche Kehlkopf ist von den alten Germanen über die aus Berlin stammenden Comedian Harmonists bis zu den Leadsängern des German Kraut Rock das wertvollste und wirksamste Musikinstrument geblieben.

»Das Schöne blüht uns im Gesang«, kann als Devise jederzeit aktiviert werden. Die A-capella-Gesangspflege, in vielen privaten Vereinen betrieben, wird auch öffentlich gefördert. Mancher Versicherungsangestellte, manche S-Bahn-Fahrerin verströmt sich nach einem arbeitsreichen Tag im Gesang. »Bist du's, lachendes Glück« und andere Walzerlieder haben durchaus sinnstiftende Qualität, mag sich der Außenstehende auch wundern, wie mit einer Anderthalboktavenstimme drei volle Oktaven zu bewältigen sind. Aber Kunst kommt eben von können.

Die Liebe zum Gesang gehört mit zu den Bestimmungsmerkmalen des deutschen Wesens und überlagert deshalb andere, weniger zentrale Eigenschaften. Wir haben Agnostiker erlebt, die feuchten Auges im Familienkreis Adventslieder sangen. Die Unterscheidung zwischen männlichen und weiblichen Stimmen ist nicht mehr trennscharf, seitdem sich herausgestellt hat, daß die schönsten Baritone den Schwimmerinnen aus den neuen Bundesländern gehören. Ein Glanzstück gemischter Gesangsformationen sind die Fischerchöre. Sie gemahnen an ein Wort Nietzsches, daß man an Musik wie an einer offenen Wunde leiden kann.

Der meistzitierte Liederdichter von heute ist

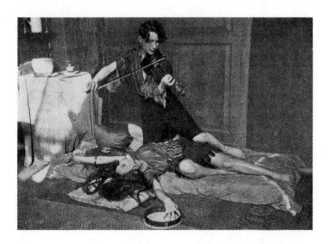

Johannes R. Becher (»Deutschland, einig Vaterland«). Die größten deutschen Liederkomponisten aller Zeiten sind nach einhelliger Meinung Franz Schubert und Ralph Maria Siegel.

Beim Instrumentalmusizieren »vermännlicht das Weib«, heißt es in der zweiten Auflage des *Handbuchs für Sexualwissenschaften*.[3] Einzige Ausnahme: die Harfe, deren Glissandi durch einfaches Darüberstreichen mit der Hand zu erzielen sind, aber kein eigentliches Musizieren erfordern. Die Kniegeige der Frührenaissance blieb den Frauen versagt, und wenn im Biedermeier jemand mit den Vorderhufen gar artig die Laute schlug, war dies gewiß ein Mann. Auf Vollendung bedachte Orchester lassen heute noch keine weiblichen Mitglieder zu, das gilt für die Wiener Philharmoniker ebenso wie für das Schoißengeyer-Duo. Nach und nach hat sich die Frau das Klavier erobert. Die Sing- und

---

3 zitiert nach Ernst Decsey, Das Gehör, Wien 1931, S. 108

Pianoseuche nahm zeitweise epidemische Formen an.

Klaviersonaten, Generalbaßarien und Instrumentaltanzsuiten haben deutsche Komponisten groß gemacht. Deren Stärke lag darin, der Welt und ihren Moden immer ein Stück voraus zu sein. Kein Geringerer als Mozart hat mit seinem Rondieaoux den Dadaismus vorweggenommen, der dann in der Zeit nach dem Ersten Weltkrieg voll zum Ausbruch kam.

O Symbanoli
und Mixklavier
Krambambulino
Stimmungstier

Der Komponist schlechthin ist Richard Wagner. Selbst diejenigen, die klassische Musik nur von der Flughafentoilette her kennen, haben seinen Namen schon gehört. Wagner hat spät eingesehen, daß er keine ausreichende musikalische Begabung besaß, aber da war er schon berühmt. Seine hervorstechendste Fähigkeit bestand darin, aus verzweifelten Situationen das Beste zu machen. Als ihm, dem jungen Künstler, die Schulden über den Kopf gewachsen waren, machte er sich nicht nur für die Abschaffung des Geldes stark, es fielen ihm auch die ersten Takte zu Rheingold ein.

Wagners Musik ist klingendes Gift. Sie wirkt direkt auf die Geschlechtsnerven. Homophile fahren regelmäßig zum Parsifal nach Bayreuth. Masochisten schätzen die Überlänge des Ringes (*the Ring*). Die Lieblingsoper der Frauenärzte ist die Götterdämmerung, seit bekannt gewor-

Das politische Motiv war nur vorgeschoben. In Wirklichkeit wurde Richard Wagner wegen seiner Musik verfolgt.

den ist, daß Brünnhilde »eine bis ins Feinste durchgeführte Verkörperung schwangerschaftlicher Psychologie ist; Wagner hat ein ganzes gynäkologisches Kolleg in Musik gesetzt«.[4]

Die Debatte über den Wert der Jazzmusik ist nicht abgerissen, seit der farbige Mensch seine Musik um den Erdball schickte. Ob es sich um das nervöse Geprickel des Schlagzeugs oder um das kindliche Geplärre gestopfter Trompeten handelt – es ist Musik, die aus dem heißen, schwarzen Herzen kommt. Das moderne Deutschland hat sich der schwarzamerikanischen Musik erst spät geöffnet. Von der Frankfurter Schule war der Jazz in die Nähe des Faschismus gerückt worden, für Kurt Tucholsky war er eine Fortsetzung von Busineß mit anderen Mitteln. In der DDR (Ex) galt Jazz als Lokomotive der ideologischen Diversion. Die Widerstände erklären sich aus der sexuellen Verführungskraft jazziger Rhythmen. Bei einer Studioaufnahme mit dem Kontrabassisten Ray Brown und dem Gitarristen Laurindo Almeida geschah 1981 in Ludwigsburg folgendes: »Die Gitarre merkt auf, öffnet sich, läßt in ihren Harmonien Platz für den dicken Kerl. Erotik ist im Spiel.« Ludwigsburg stand kopf.

Die mit Aerophonen erzeugte Blasmusik, auch Dickebackenmusik genannt, ist relativ einfach zu interpretieren: als sublimierte Flatulenz. Bei marschierenden Formationen entsteht scheinbare Atonalität, wenn Musiker aus Versehen aufeinander auflaufen oder im Übereifer die Fliegenschisse auf den Notenzeilen mitspielen.

---

[4] M. Wirth bei Decsey, a.a.O., S. 126

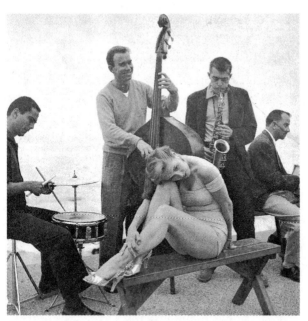

»Die Wirksamkeit des Marschprinzips im Jazz ist evident. Darum will der Jazz zum faschistischen Gebrauch sich gut schicken.«
(Theodor W. Adorno)

In den Wohnstiften und Seniorenheimen werden abends gelegentlich Schellackscheiben aufgelegt. »Heissa, Kathreinerle« oder »Komm, du Zuckertäubel mein« sind gefragt. Musikästhetisch schwer erfaßbare Schunkellieder und das jababa jababa der Comedian Harmonists werden verlangt. Die Stimme des ersten Tenors fährt wie ein süßer Laserstrahl in die Hörgeräte. Steife Teegesichter werden weich, Mundwinkel zucken, und wenn der Sänger dem Mond alles anzuvertrauen verspricht, was sein armes Herze kränkt, fließt manche Träne. Nur ein Bulgare kann diese alte Volksweise so deutsch vortragen.

In der leichten Muse herrscht der *heavy beat*

vor. Ob Musik etwas mit Angstlust zu tun hat, wurde noch nicht näher ergründet, jedenfalls jagt die deutsche Schlagerparade dem unvorbereiteten Zuhörer kalte Schauer über den Rücken. Der Eurovisionswettbewerb »Ein Lied für...« kommt einer langsamen Folter gleich, anders als etwa die Wiener Schrammelmusik, die es auf *sudden death* anlegt. Drei Schlagersänger gibt es, die sich etwas über den Durchschnitt erheben: Peter Alexander mit der sieghaften Sinnlichkeit seiner tenoralen Klangfarbe; Peter Maffay, der 1986 den Deutschen Musikpreis ergatterte, und Heino, der nach dem Verlust »wichtiger Partituren« allerdings ein wenig ins Hintertreffen geraten ist.

»Wie steht es mit unserer Tanzmusik?« fragte der Vizekultusminister der DDR betreten. Rock 'n' Roll war in der Ostzone so lange verpönt, bis man entdeckte, daß dieser Musikzweig seine Wurzeln in der jungen Arbeiterklasse kapitalistischer Länder hat »und uns deshalb keineswegs fremd ist«.[5] Der volkseigene Betrieb Deutsche Schallplatte gab natürlich Pink Floyd heraus, während die Puhdys und andere ostzonale Bands erst nach der Wiedervereinigung richtig bekannt wurden.

Ersatzmusik, im Jargon E-Musik genannt, dient der Überbrückung bei Sendeausfall. Auf entsprechenden Konserven ist Musik gespeichert, die von Andres Segovia über Ezra Pound

---

5 »And is therefore by no means alien to us« – Peter Wicke, »Rock Music and Everyday Culture in the German Democratic Republic« (1988)

(»The Cantos«) bis zu Duane Eddy reicht. Mehr und mehr deutsche Menschen verstehen unter Ersatzmusik auch das Dröhnen ihrer Automotoren, zum Beispiel den schmetternden 911er Sound oder den satten Klang eines Mitsubishi 3000 GT.

Noch weiter unten auf der Skala rangiert die Oi-Musik. Diese Spielart leitet sich von *doit*schen Liedern der Skinbands her, derer es zur Zeit etwa sechzig gibt.

Gerade weil sich die Musik der wörtlichen Beschreibung entzieht, finden sich unter Musikkritikern die größten Metaphoriker: »Erst wenn ihr Spiel jene Nuancen hinzugewinnt, die nicht unter dem Druck von Hengsthaaren, sondern als Ausdruck von Lebenserfahrung entstehen, erst dann hat Anne-Sophie Mutter die letzten Eierschalen des Wunderkindes abgeworfen.« Musikexperten sind in der Regel sehr gut vorinformiert. Sie kennen jeden einzelnen der Leggiero-Doppelgriffe und der Sechzehntel-Triolen. Es geht ihnen zu gleichen Teilen um die Kunst und um das eigene Empfinden. Deshalb kann ein Kritiker lange darüber rätseln, warum ihm die Interpretation eines leicht erkälteten Pianisten ein wenig kühl ließ.

Das erste nationaldeutsche Lustspiel war Minna von Barnhelm. Es schöpfte aus der »lebendigen Gegenwart des Siebenjährigen Krieges«.[6] Ab da

---

6 W. Oehlke, Grundriß der Weltliteratur, Berlin 1939, S. 99

war die Grenzziehung zwischen Komödie und Tragödie eine einfache. Kriegte der Kerl das Mensch, war's ein Lustspiel, wenn nicht, ein Trauerspiel. Die klassischen Dramen sind zu solchen geworden, weil sie dem Publikum die Möglichkeit gaben, immer auf der richtigen Seite zu stehen. Wenn im Berliner Schillertheater Wilhelm Tell gegeben wurde, wußten die Leute, mit wem sie sich zu identifizieren hatten. Nur Randgruppen konstruierten aus der Tatsache, daß Tell aus dem Hinterhalt schoß, den Vorwurf, er sei der Oswald der Berge.

Das bedeutendste Drama der Deutschen ist der *Faust*. Der erste Teil dieses Stückes ist leicht verständlich, weil er hauptsächlich aus geflügelten Worten besteht. Der zweite Teil dagegen ist so schwer zu verstehen, daß aus didaktischen Gründen ein dritter Teil nötig wurde:

Ja, ja, und soll, das macht mir viel Beschweren,
Den Schlingeln Goethes Faust, den zweiten Teil erklären,
Und soll dabei den Stecken zwar besitzen,
Doch ihn bei schwerer Strafe nicht benützen,
Soll, was sie auch für Bubenstreiche treiben,
Geduldig bleiben.[7]

Seit die Neubersche Truppe durch die Lande zog, hat sich am Theater einiges geändert. Gespielt wird heute meist in festen Häusern. Bühnenweihfestspiele finden dagegen nach wie vor

---

[7] Deutobald Symbolizetti Allegoriowitsch Mystifizinski, Faust – der Tragödie dritter Teil, Tübingen 1862, S. 10

im Freien statt. Frauen gehen vorzugsweise wegen der eleganten Kostüme ins Theater, Männer wegen der Gebirgskulissen, wegen Blitz und Donnerschlag und anderen Spezialeffekten. Den Theaterdichtern geht es wie eh und je darum, »die Seele gleichsam bei den verstohlensten Operationen zu ertappen« (Schiller), und die größten Könner unter ihnen bringen es zuwege, ihre Dialoge so anzulegen, daß das Klauenfett in die Zuschauerreihen tropft.

Theater ist ein Politikum. Einer der bedeutendsten Theaterkritiker sprach sich nach dem Mauerbau gegen Brecht-Aufführungen aus, weil man sich dadurch gegenüber dem Osten politisch aufgeben würde. Erst nach Jahren durfte Brecht in Berlin wieder gespielt werden, obwohl sich das politische Gewicht zu diesem Zeitpunkt längst an den Rhein verlagert hatte. Bonn ist heute neben Weilheim und Meiningen (Thüringen) die wichtigste Theaterstadt des Landes. Das Bonner Staatsschauspiel mit seinen beiden Sprechbühnen ist zwar bekannt für seine problematische Akustik. Doch konnten die bestdotierten Mimen dorthin verpflichtet werden.

Große Schauspieler anderer Bühnen wie Kurt Meisel oder Fritz Wepper kamen an die in Bonn gezahlten Gehälter nie heran. Noch weniger als die Schauspieler verdienen die Dramatiker. Das Erfolgsstück *Die Mugnokinder* brachte den beiden Autoren Tantiemen in Höhe von DM 3,79 ein. Dürrenmatt erzielte für *Play Strindberg* bei den Städtischen Bühnen Flensburg einen Urheberanteil von immerhin DM

14,48. Die Knausrigkeit der Intendanten sollte man jedoch nicht verallgemeinern. Der bekannteste Bühnenbildner des Landes darf seine Kostüme in Mailand nähen lassen, weil kein anderer Schneider so schöne Säume macht. Die drei Prozent der Bevölkerung, die überhaupt ins Theater gehen, sind nämlich ziemlich anspruchsvoll. Aufwendige Inszenierungen führen dazu, daß das Theater von den Eintrittsgeldern allein nicht leben kann. Es muß mit 100 Mark pro Sitzplatz fast so hoch subventioniert werden wie das Verschießen von Platzpatronen auf dem Truppenübungsplatz von Schmittenhöh bei Koblenz.

Viele Schauspieler sind unausgefüllt oder unausgelastet und versuchen mit dem Schreiben von Prosa ihre Leere zu füllen. Mißglückt der Versuch, nennen sie es Fingerübungen. Man findet wenige andere Spezies mit so gut durchtrainierten Fingergelenken. Wen Barlog nie nach Berlin holte, probierte sein Glück in der Schlagerindustrie. Doch obwohl sie dürftige Schauspieler sind, sind sie auch schlechte Sänger.

Eine dritte Chance bietet Theaterschauspielern der Film. Einigen gelingt es, dort für immer Fuß zu fassen, auch wenn es schwer ist, über die Kultfilme zu den normalen Filmen vorzudringen, die längst in der Minderzahl sind. Große Erfolge hat der neue deutsche Film nicht aufzuweisen. Aber Zelluloid ist geduldig, und so bleibt das einzige Herausragende an der deutschen Filmwirtschaft ihre Spitzenorganisation in Wiesbaden.

Natur und Umwelt

Wir hätten uns nach unserer Ankunft fragen können, wo die wohlriechenden Blumen sind, die wir aus den literarischen Landschaftsbeschreibungen kannten, das anmutige Gebrüll der Kühe auf der Weide, die Gesänge der Vögel, die in waldigen Revieren frohlocken, das liebliche Summen der Bienen, der saatenerquickende Regen in der Stille friedeatmender Natur. Aber so naiv waren wir nicht mehr. Zu schnell hatte sich das Waldsterben als Fremdwort über den Globus verbreitet. Und so waren wir gefaßt auf nadellose Bäume, überdüngte Felder, auf eine automatisierte Landwirtschaft, auf Tiefladerbauern, Futterparzellen und Beschälstationen. Wir sahen an den Hängen der Mosel die Gifthütten im Rebengestade und die geschundenen Buckelpisten des Allgäuer Landes.

Die traditionell arbikole Lebensweise der Einwohner ist durch die Entwicklung gefährdet. Eine Dichterin, Annette von Droste-Hülshoff, muß als die Mutter des Waldsterbens namhaft gemacht werden. Sie hatte geschrieben:

Ach! lieber keinen Wald, keinen Spaziergang außer der Chaussee und unter den Obstbäumen, mit denen das Tal bestreut ist; und dafür meine lieben Alpen, meinen Säntis, meinen Glärnisch, meine Tiroler Gebirge und meinen schönen, kla-

ren See mit seinen Segeln; sehn Sie, das alles käme uns zu, brächte der Wald uns nicht darum ...

Baumfeindliches Verhalten und der Raubbau an der Natur sind mit der Romantik ins Land gekommen (»Ich schnitt es gern in alle Rinden ein«). Im Lauf des 19. Jahrhunderts ist den Dichtern das Lob der Natur und deren Schönheit vollends aus den Händen geglitten und der Obhut der Naturwissenschaftler anvertraut worden. Jeder Physiker weiß heute, daß das Schöne in der Natur mit der algorhythmischen Komprimierbarkeit von Komplexität korreliert.

Die Bedrohung der Pflanzenwelt hat dazu geführt, daß alteingesessene Institutionen wie der Deutsche Pappelverein oder die Deutsche Kakteengesellschaft ihre Aktivitäten verstärkt haben. In öffentlichen Ämtern dürfen Bleistifte nur noch mit Katalysatoren benutzt werden. Beim Recycling ist ein weltweit einmaliger Absolutheitsgrad erreicht worden. Aus Weizen gewonnener Treibstoff darf nur in der Landwirtschaft verwendet werden und dort nur beim Weizenanbau. Der Naturschutzgedanke hat sogar ins Milieu der Falschmünzer Eingang gefunden. In Fürth wurde ein junger Mann festgenommen, der seine Blüten auf Umweltpapier gedruckt hatte.

Besorgte Eltern untersagen ihren Kindern, direkt unter dem Ozonloch zu spielen. Manche blicken mit Neid auf benachbarte Völker mit geringerer Naturbeherrschung. Umweltbewußte lassen es sich nicht nehmen, Sonntag für

Sonntag mit ihren Autos ins Grüne hinauszufahren, um etwaige Fortschritte bei der Rettung der Ökosysteme zu beäugen. Der Bund Naturschutz toleriert solches Tun, sofern bestimmte Verhaltensmaßregeln beachtet werden: »Umweltbewußt Liebende sollten die störungs-ökologische Komponente des Geschlechtsaktes im Wald und auf der Heide berücksichtigen: Laute Schreie oder das Liebeslager über dem Nest eines Bodenbrüters stören den Naturfrieden.« Bis zur Herausgabe dieses Manifests stellte sich jeder unter der jauchzenden Natur etwas anderes vor.

Eine Katastrophe wie in Tschernobyl hätte im sicherheitsbewußten Deutschland nicht passieren können. Das Kernkraftwerk Obrigheim ging erst nach sage und schreibe 24jähriger Probezeit ans Netz. Trotzdem hat Tschernobyl das Umweltbewußtsein lange irritiert, so lange, bis man den aus Österreich kommenden und nachbarschaftlich gemeinten Rat beherzigte, das beste Mittel gegen Strahlen sei, sie nicht zu messen. Der Konflikt zwischen Atomkraftgegnern und Atomkraftanhängern ist trotz des Zerfalls von Wackersdorf noch nicht ausgestanden. Die Atomkraftgegner sind bereit, notfalls auf petrefakte Holzreserven mindestens bis zum Karbon zurückzugreifen. Die Atomkraftanhänger sind dazu übergegangen, die Leichen anderer Katastrophen zu fleddern. Nach Tschernobyl verwiesen sie auf die Opfer von Bophal oder den Blutzoll auf den Autobahnen.

Wie sich die Wiedervereinigung auf den Umweltschutzgedanken auswirken wird, ist noch ungewiß. Auf Rügen wurden jedenfalls bereits kostenlose Exemplare der Zeitschrift *Capital* verteilt. In den alten deutschen Bundesländern stößt man schon auf die ersten Wüstungen, auf verlassene Siedlungen, wie zum Beispiel Hitzelhosenbach im Saarland. Nach Zeitungsberichten wird Bonn am Rhein schon im nächsten Jahrtausend das Schicksal von Hitzelhosenbach teilen, doch gehen informierte Kreise davon aus, daß der Lange Eugen auch als Ruine noch ein imposantes Bild abgeben wird.

Tierliebe

Die Fauna hat hierzulande ihr eigenes Gesicht. Wir überfuhren ganz andere Tiere als in unserer texanischen Heimat. Die Funddichte nahm bei Dunkelheit noch zu. Die Einheimischen widmen ihrer Tierwelt große Aufmerksamkeit und viel Fleiß. Der Stand der Tiermedizin ist ein hoher. Deutsche Veterinäre waren es, die den Scharbock entdeckt haben. Sonderforschungsbereiche zielen auf Kauplatten und Schlundzähne ostasiatischer Fische, auf das Problem der Inzucht bei albinotischen Laboratoriumsmäusen und auf vorgeschichtliche Kaninchen zwischen südspanischen Siedlungshügeln. Der Schwiegersohn unseres Vermieters war zufällig mit einer Arbeit über den »Herzschlag des Ebers am Phantom« zum Dr.med.vet. promoviert worden. Das war allerdings, noch ehe Frauenbeauftragte den Wissenschaftsbetrieb kontrollierten.

Geschichtlich erfüllte der Hund (*Canis lupus familiaris*) Funktionen als Abfallverschlinger, Grabbeigabe und Fleischlieferant. In der Neuzeit ist er zum liebsten Haustier der Stammbevölkerung geworden. Als ein Bundeskanzler die Intellektuellen des Landes mit Pinschern verglich, ist dies von den meisten als Kompliment aufgefaßt worden. Wer Hunde nicht mag, sagt

In den Städten werden Hunde verehrt wie in Indien die Kühe. Die Achtung, die diesen Tieren entgegengebracht wird, hat dieses Exemplar dazu verführt, eine anthropoide Stellung einzunehmen.

eine Volksweisheit, mag sich selber nicht. 3,6 Millionen Hunde leben in der Bundesrepublik. Sie hinterlassen pro Jahr 400.000 Tonnen Kot, der von der Bevölkerung liebevoll entsorgt wird. Der Hund ist ein Nutztier. Nach wie vor findet er Verwendung bei der Jagd (»Such verwundt, mein Hund«). Besondere Bedeutung kommt ihm als sozialem Gleitmittel zu. Frauen, die ihren Hund ausführen, werden öfter angesprochen, als solche, die allein spazierengehen (Gassi-Syndrom). Der beeindruckendste Züchtungserfolg der letzten Jahre war ein apricotfarbener Dackel für die Mätressen der *ruling class*. Kulturkritiker haben vor einer Anthromorphisierung des Hundes gewarnt, für die es tatsächlich zuverlässige Anzeichen gibt. So hat man eine Hündin beobachtet, die einem Rüden erst dann die *immissio penis* erlaubte, nachdem er ihr den Zugang zu seinem Freßnapf ermöglicht hatte.

Im westlichen Thüringer Wald befindet sich ein Heim für Diensthunde. Dort wurden auch die Differenzierungshunde gezüchtet, die dem staatlichen Geheimdienst unschätzbare Dienste geleistet haben. Die Firma Horch, Kuck und Riech bewahrte Stoffetzen von Regimegegnern in Einweckgläsern auf. So konnte der Differenzierungshund unter seinem Differenzierungsführer bei Bedarf sofort Witterung aufnehmen und den Gesuchten zur Strecke bringen. Die Geruchsnerven sind in Ostdeutschland bei Mensch und Tier durch das Heizen mit Braunkohle (*brown coal*) besonders sensibilisiert worden.

Der Volksmund weiß: »Die besten Menschen auf der Erde, das sind die Hunde und die Pferde.« Das Pferd ist sehr beliebt, obwohl es kein Schlüsselbein hat und als unvollständiges Säugetier dasteht. Ein Mann wie Friedrich Theodor

Vischer ging in seiner Liebe zum Pferd so weit, daß er einen Tierschinder am liebsten mit dem Stutzen vom Bock heruntergeholt hätte. Pferdebesitzer legen größten Wert auf das äußere Erscheinungsbild ihres Tieres. Bei Umritten sakraler oder profaner Natur werden Fell, Zaum- und Sattelzeug auf Hochglanz gebracht. Den Dreijährigen schneidet man die herabziehenden Schweifmuskeln durch, damit der Schwanz stolz und aufrecht getragen wird.

Manche Pferdenarren haben ihre Tiere buchstäblich zum Fressen gern. Als ein Berliner Luxusrestaurant schließen mußte, meldete sich als Hauptgläubiger ein Pferdemetzger. Einen sozialen Abstieg haben Esel erfahren, seitdem eine Gourmetzeitschrift mit dem Mythos aufgeräumt hat, in Salamiwürsten sei Eselfleisch enthalten. Ältere Bürger wissen Maulesel als Wetterpropheten zu schätzen. Wenn diese Tiere Salz und bittere Milchpflanzen fressen, bleibt es sonnig.

Über eine marktgerechte Schweineproduktion ist noch keine Einigung erzielt worden, doch scheint sich mehr und mehr das hannöversch-braunschweigische Landschwein durchzusetzen. Die Schafzucht hat eine neue Blüte erfahren, der Verzehr von Schaffleisch ist um das Dreifache gestiegen. Haftete dem Ruf »Das Schaf muß bleiben!« vor einem Jahrzehnt noch ein Hauch von Verzweiflung an, so ist es heute der Hammel, der das Schwein in die Enge getrieben hat.

Die deutsche Fleckviehzucht steht auf der

Welt konkurrenzlos da. Hormonkälber läßt man sogar in den Sportstadien grasen. Die Laktation juveniler Ziegen ist nirgendwo so gut entwickelt wie hier. In der vormaligen DDR gab es Überlegungen, die Meckerziege ins Staatswappen aufzunehmen.

Im Westen hatte es zeitweise geschienen, als wollte sich der Gruppentotemismus vom Adler ab- und dem Chicken zuwenden. Das Huhn (*Gallus gallus*), einst wichtigstes geflügeltes Haustier, durchlief jedoch in den Brütereien eine Mutation zu Gummi arabicum und ist teilweise schon mit einem Speisetabu belegt worden. Die meisten erwachsenen Bewohner vermögen das Alter eines Huhns an den Zähnen abzuschätzen, an den eigenen. Ob sich das Haushuhn noch einmal regenerieren wird, ist unter Fachleuten umstritten.[1]

Durch die Wohnungsverknappung ist die Haustierhaltung schwieriger geworden, aber in den meisten hunde- oder katzenlosen Haushalten findet sich ein Aquarium. Landesweit werden etwa 80 Millionen Zierfische gehalten. Die beliebtesten Lebewesen in den meist von Kindern und Jugendlichen betreuten Herbarien sind Apfelgespinstmotten und Laufmilben.

Daß die Deutschen ihre heimischen Vögel lieben, beweisen die zahlreichen Meisenknödel auf Fenstersimsen und Balkonen. Das Braunkehlchen, lange vom Aussterben bedroht, wird

---

[1] H. Simroth, »Ist unser Haushuhn noch imstande, zu verwildern und in der Freiheit auszuharren?«, in: Monatsschrift des deutschen Vereins zum Schutze der Vogelwelt, 13, 1988

wieder häufiger gesichtet. Für fremdländische Vögel bevorzugt man Käfighaltung. Deutsche sind stolz auf ihre Kenntnisse über die gefiederten Gesellen. Die feine Naturbeobachtung ist durch die Technisierung der Umwelt nicht notwendig beeinträchtigt worden. So heißt es in der Zeitschrift *Coppenbrügger Markt*: »Kläranlagen, Hausabfälle, frisch gepflügte Felder oder Straßenverkehrsopfer – um nur einige Beispiele zu nennen – üben stets eine magische Anziehungskraft auf Krähen und Elstern aus.«

Der Tierschutz ist den Bürgern Herzenssache. Schon die Volksliederdichter wandten sich gegen unnötige Tierquälerei (»wohl zwischen die Bein, da muß der Hirsch geschossen sein«). Auf waidgerechtes Jagen wird größter Wert gelegt. Der Erste Sekretär und seine Funktionäre hatten endgültig ausgespielt, nachdem bekanntgeworden war, daß sie auf friedlich äsendes Hochwild an Futterkrippen angelegt hatten. Tierquäler werden manchmal körperlich attackiert, zumindest jedoch mit Sätzen wie »Das hätte es unter Hitler nicht gegeben« oder »Solche Leute gehören weg« in ihre Schranken verwiesen. Wie weit die Vernetzung der Dinge ins Bewußtsein gedrungen ist, zeigte sich, als die Welttierschutzwoche im hessischen Gießen mit einem Appell zur Toleranz gegenüber Ausländern eröffnet wurde.

Sport und Spiel

Man kann jeden deutschen Mann nachts aufwecken, und er wird einem die Aufstellung der Nationalmannschaft herunterbeten, die 1954 Fußballweltmeister geworden ist. Beim Fußballsport geht es nur oberflächlich gesehen darum, eine Lederkugel mit geschwinden Fußstößen vor sich herzutreiben. In Wirklichkeit erfüllt diese Sportart religiöse Funktionen. Auf kultischen Ballspielplätzen wie dem Betzenberg oder dem Stadion Rote Erde färben sich die Zuschauer ihre Gesichter ein. Auch bei hohen Temperaturen werden Wollschals und bunte Wollmützen getragen. Fußball ist für sie nicht eine Frage auf Leben und Tod, sondern etwas viel Ernsteres. Unter lautem Ins-Horn-Stoßen feuern sie ihre Mannschaft an. Fairneß wird nur in solchen Begegnungen verlangt, bei denen es um nichts geht. Jeder Fanclub verteidigt seinen Block bis zum äußersten, notfalls mit Gewalt. Fachjournalisten, die jahrelang von Schlachtenbummlern geschrieben hatten, waren baß erstaunt, als aus den Fußballfeldern wirklich Schlachtfelder wurden und aus den Tribünen auch. Leidenschaftlich prügeln sich dort die Arbeitslosen mit den Hoffnungslosen um den Sieg ihrer favorisierten Millionäre.

Im Vorfeld großer internationaler Turniere

wird die Gesellschaft von Nervosität ergriffen. Die Fachsimpeleien geraten noch um einige Grade hitziger. Gerüchte aus den Spielerquartieren machen die Runde. Ernährt sich die afrikanische Elf wirklich von Affenfleisch? Haben die Kuweiter tatsächlich um blonde Spielgefährtinnen gebeten? Die psychische Komponente ist ebenso wichtig wie eine gute körperliche Ver-

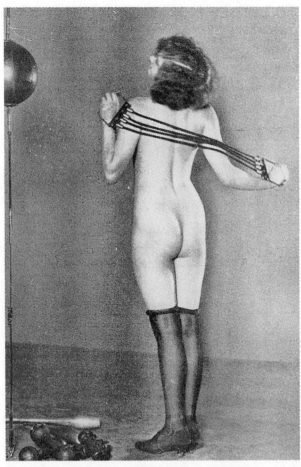

Nach zahlreichen Dopingvorwürfen sind die Sportlerinnen jetzt wieder zu unverdächtigen Trainingsmethoden zurückgekehrt.

fassung. Die österreichische Mannschaft spielt gegen Deutschland »aus dem Inneren heraus« und verliert dann meistens.

Abergläubische Spieler lassen ihre Schneidezähne vor dem Anpfiff in der Kabine. Auf dem Spielfeld kann es in kritischen Situationen zum Gesäßweisen als aggressiver Drohung gegenüber Schiedsrichtern und feindseligen Zuschauern kommen. Nach geglücktem Einschuß deutet der Torschütze vor den Rängen ein Genitalpräsentieren an. Die enge Verbindung zwischen sportlichem Erfolg und Sexualität ist nicht zu verkennen, auch wenn im Fernsehen meistens nicht gezeigt wird, wie die Spielerfreuen den Tenniscracks vor dem Aufschlag nach germanischer Sitte ihre Brüste zeigen.

Das Sportgeschehen wird von modernen Trainingsmethoden bestimmt, doch führen manche Athleten wie in alten Zeiten ein bestimmtes Tier, zum Beispiel ein Kalb, als Totem. Das Hormonkalb als Totem wird geschlachtet und verzehrt – eine Form der Kommunion. »German athletes do not know how to cheat or foul«, schrieb einer meiner amerikanischen Kollegen[1], doch wird den Wettkämpfern ein hohes Maß an Selbstüberwindung abverlangt. Leichtathletinnen müssen sich eigenhändig ein Harndepot anlegen und vor Kontrollen ein uringefülltes Plastiksäckchen in der Vagina verbergen. Ruderer haben Schwangerschaftshormone zu schlucken. Andererseits bemerkten

---
[1] George Bailey, Germans, New York 1972, S. 371

wir Kugelstoßerinnen, die wie Frauen aussahen, und abgetretene Gewichtsheber, die nach ihrer Brustoperation durchaus wieder wie Männer wirkten.

Der Reitsport ist die längste Zeit eine männliche Domäne gewesen. Die meisten Lorbeeren werden von Amazonen nach Hause geritten. Eine männliche Nische bildet der Trabrennsport. Dort darf man sich bis zum Alter von 60 Jahren tummeln und mit Attest sogar darüber hinaus. Problematisch ist das Military. Tierschützer wollen verunglückten Military-Reitern ein christliches Begräbnis verweigern.

Im Schießen sind Deutsche immer für eine Medaille oder einen Orden gut gewesen, egal, in welche Richtung nun geschossen wurde. Zur Nachwuchspflege ist ein eigenes Leistungszentrum Schießsport eingerichtet worden. Es befindet sich am Ortseingang von Rüdesheim, nahe der Kriegsgräberstätte Rotenfels.

Wettkämpfe werden auch außerhalb der eigentlichen Sportstätten ausgetragen. Skinheads finden sich in verlassenen Straßenzügen zu Übungswürfen zusammen. Die Kampfsportarten haben einen Aufschwung genommen, seitdem sie aus staubigen Turnhallen in die natürliche Umgebung des Menschen verlegt worden sind. Ein bekannter Freizeitsportler von Adel bevorzugte für seine Zweikämpfe die Bar des Palace-Hotel von St. Moritz. Der Prinz wollte nicht mehr leben, nachdem man sein Kämpferherz gegen ein anderes ausgetauscht hatte.

Bei den Olympischen Spielen ist teilnehmen wichtiger als siegen. Das gilt vor allem für Ausländer. Daß sich die kleine, unfreie DDR nicht daran hielt und bei jeder Olympiade mehr Goldmedaillen einheimste als die reichen und mächtigen Westler, ist ihr in Washington und Bonn bis zum Ende nicht verziehen worden. Viele hier halten den olympischen Gedanken für überholt, zumindest müßten zahlreiche Ungereimtheiten beseitigt werden. Zum Beispiel ist es den wenigsten einsichtig, warum der Zwölfkampf nur an sechs Geräten geturnt wird. Manche treten für eine Straffung des Programms ein, andere wollen es gerade erweitern und reden Jogging als olympischer Disziplin das Wort. Als neue Disziplin konnte sich in letzter Zeit einzig das Gesundstoßen behaupten. Es ist freilich strengen Qualifikationsbedingungen unterworfen. Wer die Qualifikation nicht schafft, wird mit dem Angerührtsein von der olympischen Idee entschädigt. Die Idee besteht darin, daß die einen angerührt die Arbeit tun, die anderen ungerührt das Geld einstreichen.

Urlaub und Reisen

Bereits um die Jahrhundertwende hatte Bernhard von Bülow vom Auswärtigen Amt für die Deutschen einen Platz an der Sonne verlangt. Als Urlaubsziele schwebten ihm Windhuk und der Caprivizipfel vor. Bald zogen die Zulus von Durban den Touristen zuliebe ihre Rikschas in Sprüngen, was aufs Herz ging und zu einem frühen Tod führte. Moderne Freizeitclubs denken heute daran, auf den Rippelmarken der Lüderitzbucht ein Urlaubsparadies zu errichten, aber ohne Beteiligung der einheimischen Bevölkerung oder höchstens als Reinigungspersonal.

Zwei Wagnerianer waren die einzigen deutschen Gäste im Heraklion des Jahres 1939. »Inzwischen«, klagte einer unserer Gewährsleute,

Im Urlaub bevorzugen die Deutschen kleine, idyllische Orte wie hier das Fischernest Forte dei Marmi an der italienischen Riviera.

»sieht es an den Küsten des Lichts aus wie bei Hempels unterm Sofa.« Auf der gesamten Insel Kreta lastet der Fluch der Plastikflasche. Bei Betrachtung der Hotelstrände möchte man nicht glauben, daß Hygiene ein griechisches Wort ist. Ähnlich die italienische Adria. Grado und Rimini haben ihre Bedeutung als Orte der Erholung eingebüßt und dienen Wessis und Ossis praktisch nur noch zur Pflege ihrer Meidungsbeziehungen.

Der Deutsche fährt ins Ausland, um auch mal andere Vorurteile kennenzulernen. Bei den Fernreisezielen steht Thailand an erster Stelle. Die thailändischen Behörden tragen diesem Umstand Rechnung und bringen eigene Reiseführer für Deutsche mit den wichtigsten Sehenswürdigkeiten heraus.

Dann gibt es auch in allen Zweite-Klasse-Hotels wo sie immer ein Mädel durch den Zimmer-Diener zu Ihrem Bett bestellen können. Sie brauchen es als dringendste Not des Lebens, und das thailändische Mädel zu kuppeln.

In Deutschland wird auf die Moral der ausländischen Besucher etwas sorgfältiger geachtet. Auf einem Campingplatz im Schwarzwald steht zu lesen:

It is strictly forbidden on our Black Forest camping site that people of different sex, for instance, men and women, to live together in one tent unless they are married with each other for that purpose.

Guten Willen bewies die Stadtverwaltung von Krefeld. Sie ließ für ihre japanischen Gäste einen eigenen Stadtplan in deren Sprache drucken. (Allerdings waren die Schriftzeichen spiegelbildlich abgedruckt und daher unleserlich.)

Der internationale Reiseverkehr hat eine Art Desperanto entstehen lassen, das auf den Sprachgeist der einzelnen Völker nur bedingt Rücksicht nimmt. Der deutsche Urlauber studiert auf Mallorca *seine* Spalte der Speisekarte und findet dort »Eier gebackene«, »gedunstetes Hühn« und »kalte Kuchen« vor. In einem der besseren Restaurants an der Costa del Sol gönnt er sich »bakita Leberkezo cun ovo«. Er legt sich ins italienische Hotelbett und sieht auf dem Nachtkästchen ein Schild mit der Aufschrift »Bitte im Bett nicht dampfen«. Er kauft sich in Bangkok einen deutschsprachigen Reiseführer und liest: »Beim Baden ist man nackt auf dem Bett gelegt und nachher auch für freie Liebe mit der Masseuse auch dazu haben. Die Kosten sind schon mit dem Baden vorher gerechnet.«

Der Massentourismus hat zu einem partiellen Austausch der Sprachen geführt. Auf der Insel Elba wurden wir selbst Zeuge eines Dialogs zwischen dem ortsansässigen Bademeister und einem deutschen Urlauber, der gerade sein Schlauchboot zusammenfaltete und im Kofferraum verstaute. »Warum nix lassen?« fragte der Italiener. »Domani partire«, erwiderte der Deutsche mit großer Selbstverständlichkeit.

Das Urlaubmachen ist biologisch gesehen ein jährlich auftretender Saisondimorphismus. Doch kommt es ethno-psychoanalytisch betrachtet vor Reiseantritt zu obsessivem Verhalten mit autonomen Abläufen wie in Trance. In den Wochen vor dem ersten Urlaubstag wühlen sich die Erholungsbedürftigen in Reiseprospekten fest. Sprachführer und Straßenkarten zieren ihre Arbeitsplätze. Nachts gehen sie traumverloren Währungsumrechnungstabellen durch. Aufbruch ist vor Morgengrauen. Sieghaft umrundet der Vater das vollbepackte Auto. Wie seine Vorfahren die Jurte auf dem Tragtier zerrt er noch einmal das Campingzelt auf dem Dachgepäckträger fest.

Zu kurze Maschinenlaufzeiten in den Fabriken werden auf der Urlaubsfahrt wettgemacht. Denn die überfüllten Autobahnen laden zum Verweilen ein. An den Zollhäuschen scheint die Zeit stillzustehen. Deutschland ist eine verspätete Nation. Urlauberschichtwechsel findet normalerweise an Samstagen statt. Die Deutschen treffen, weil sie alle gleichzeitig gestartet sind, erst in den frühen Morgenstunden des Sonntags ein. Die Rückreise wird möglichst wieder von allen gleichzeitig angetreten. Entsprechend das Gedränge in Süd-Nord-Richtung. Wer früher in den Sielen starb, verblutet heute mit Freizeitschuhen an den Füßen auf der Standspur. Später biegen Arbeitskolonnen in orangefarbenen Kitteln die Leitplanken wieder gerade, und der Herbst beginnt.

Immer gefragter ist der Zweiturlaub im Winter geworden. Gewöhnlich sucht man dabei tropische oder subtropische Regionen auf. Das Ausharren am Strand in praller Sonne wäre juristisch unter dem Tatbestand Rötung auf Verlangen zu fassen. Einzig Paraguay wird von solchen Reisenden angesteuert, denen der Boden zu Hause schon zu heiß unter den Füßen geworden ist. Die Überlandreise im Zigeunerwagen, das Überlebenstraining in Miami und der besonders unter Schwaben begehrte »B-Urlaub« ohne Familie in Malaysia kommen dem Bedürfnis nach dem Aktiv-Urlaub mit Erlebnis-Plus nach.

Bahnreisende sind eine eigene Spezies. Ein hoher Prozentsatz der Bahnkunden besteht aus älteren Menschen, die den Eindruck erwecken, als würden sie nicht nur zu dieser einen Beerdigung fahren. Gewöhnlich erkennt man sie an einer Spur weißer Borsalbe im Mundwinkel. Der Aufenthalt in einem Zugabteil ist durchaus kurzweilig. Dafür sorgen schon die ausliegenden Hochglanzbroschüren mit Themen wie »Arlberg im Schnee« oder »Ostfriesische Orgelwunder«. Die Unterhaltung dreht sich um den Nutzen von Fremdsprachen und um belegte Brote (»Salami hab ich schon gehabt«). Hie und da zieht ein Mitreisender auch ein Leporelloalbum von seiner letztjährigen Venedigreise hervor oder macht sich über ein Einmachglas mit Kartoffel-Gurken-Salat her.

Neben dem Autowandern, einem Euphemismus für zähflüssigen Verkehr, gibt es auch noch echtes Fußwandern. Allerdings hat sich die Zahl der Fußwanderer seit der Teilung der Wandervögel (*wandering birds*) etwa halbiert. Bergwandern ist stark ritualisiert und hat immer eine

Wandern abseits ausgetretener Pfade

»Hütte« zum Ziel. Nach der Ankunft am Gipfel setzen sich die Bergwanderer vor diese Hütte – meist ein ansehnlicher Komplex mit mehreren Wirtschaftsgebäuden – und unterhalten sich über die Besteigungen anderer Gipfel, die in Sichtweite liegen, später auch über solche, die man »von hier aus« nicht mehr sehen kann.

Trotz des wechselhaften Wetters verbringen viele Deutsche ihren Urlaub im eigenen Land. An regnerischen Tagen spielen sie Mikado mit

Zahnstochern oder führen klärende Gespräche über den Sinn einer langdauernden Zweierbeziehung oder die Umsetzbarkeit pädagogischer Grundsätze. Die Bäder an Nord- und Ostsee haben Stammgäste. Diese nutzen die Zeit nach dem Abendessen zu einem Spaziergang am Meer zwecks Ausleitung von Magenwinden im Schutze der Brandung.

Umfragen zufolge vermissen Deutsche auf Urlaubsreisen nur das eigene Bett, die Lokalzeitung, die gemütliche Leseecke und die gewohnten Speisen. Für über die Hälfte der Bürger trifft dies aber nicht zu; sie verreist überhaupt nicht. Auch die Bürger der ehemaligen DDR wußten ihr Heim zu schätzen. Dort wurden ab 1952 »Hausbücher« geführt, um die An- und Abwesenheit von Bewohnern und Gästen festzuhalten.

Der Urlaub zu Hause kann durch Minigolfanlagen und Wassertretbecken in der näheren Umgebung abwechslungsreich gestaltet werden. Im Mittelpunkt steht freilich das Grillen. Grillplätze verleihen vielen Landstrichen ein romantisches Flair. Im Siegerland sind die letzten Kohlenmeiler in Grillhütten umgewandelt worden. Das Grillfeuer, ob in der freien Natur, im eigenen Garten oder auf dem Balkon, kommt modernen esoterischen Neigungen entgegen, ja, es kann sogar zu einer zeitgemäßen Form der Negromantie geraten. Schon soll es kluge Frauen geben, die mit der Leber eines Fisches über glühenden Kohlen den Teufel austreiben.

Generell machen die Normalbürger von ihrer

Freizeit sinnvolleren Gebrauch als früher. Als vor vielen Jahren Hermann Hesses *Die Kunst des Müßiggangs* erschien, blieb es auf den Ladentischen liegen oder wurde höchstens von solchen Kunden gekauft, die damit ihre Verschwendungssucht oder ihren Hang zur Perfektion dokumentieren wollten. Mittlerweile hat das Buch breite Schichten erreicht, und geschwind sind die Buchhändler mit dem Fachbuchstempel zur Hand.

Deutsche und Ausländer

Noch während des Zweiten Weltkriegs war ein Plan entstanden, Deutschland von der Landkarte zu tilgen (s. Abb.). Dazu ist es nicht gekommen, doch erfreuen sich die Deutschen keiner besonderen Beliebtheit bei den angrenzenden Staaten. Dies liegt daran, daß sie mehr Nachbarn haben als jedes andere Volk der Erde, und die Beziehungen zwischen Nachbarstaaten sind nie gut. Der rege Austausch von Gastdozenten und Schwefeldioxyd hat die Situation eher noch verschärft. Lediglich zwischen der ehemaligen UdSSR und der ehemaligen DDR hatten sich

Die theoretische Sekunde: ein amerikanischer Geopolitiker teilt Deutschland unter den anderen europäischen Nationen auf.

die Verhältnisse paritätisch eingespielt. Die Ostdeutschen lieferten Moskau Getreide, dafür nahm Moskau Ostdeutschland den Zucker ab.

Selbst mit den im biotischen Übergangsfeld gelegenen Staaten gibt es Schwierigkeiten. Mehr als zwei Drittel aller Deutschen teilen die Anschauung, in Österreich sei der Schluckauf zu Hause, und dies, obwohl die österreichische Republik ihr beliebtestes Urlaubsziel ist, vor allem das Burgenland als lawinensicherste Gegend Österreichs. Touristen lassen viel Geld in der Alpenrepublik, politisch Bewußte hüten sich freilich davor, den Österreichern wieder einen Blankoscheck auszustellen.

Die Spannungen zwischen der Schweiz und dem Fürstentum Liechtenstein werden vom deutschen Generalsekretär der NATO im Brüsseler Hauptquartier mit gepaukster Aufmerksamkeit verfolgt. Als im Herbst 1992 ein Schweizer Militärfahrzeug den Dorfplatz von Triesendorf in Liechtenstein besetzte, hielt man auch auf der Bonner Hardthöhe den Atem an. Mit Erleichterung wurde der Abzug der fünf eidgenössischen Soldaten aufgenommen, die sich nach offizieller Version nur auf fremdes Gebiet »verirrt« hatten.

Die europäische Integration ist bis zur Verwirrung vorangetrieben worden. Was dem Pariser seine Saucisse de Francfort ist dem Wiener sein Hotdog. Was die Deutschen eine Razzia nennen, nennen die Italiener einen Blitz. Mit versteckter Genugtuung wird in Washington registriert, daß sich die europäischen Staaten keineswegs so einig sind, wie sie nach außen hin tun. Auf die Meldung, Dänemark trete dem Vertrag von Maastricht nicht bei, tat der U.S.-Botschafter in Kopenhagen einen Freudensprung, unterschätzte jedoch die niedrige Decke und verletzte sich an der Hand. Es war die beste Nachricht für ihn, seitdem die Bundesrepublik vor dem Europäischen Gerichtshof wegen des Reinheitsgebots für Bier verklagt worden war.

Nachdem eine Entscheidung gefallen ist, finden regelmäßig Konsultationen zwischen Bonn und Washington statt. Am Rande einer Tagung über den Schüler- und Studentenaustausch reden Kanzler und Präsident auch schon mal über SDI und Atomwaffensperrvertrag. Die amerikanischen Stellen ließen sich ein gutes Verhältnis zur deutschen Zivilbevölkerung stets angelegen sein, haben die Bürgernähe gelegentlich aber auch etwas übertrieben, indem sie etwa eine Militärmaschine genau über einem Remscheider Arbeiterviertel abstürzen ließen.

Die Amerikanisierung stößt an Grenzen. Viele Deutsche wissen bis heute nicht, wie man Know-how schreibt, und den meisten ist dunkel geblieben, warum wir Amerikaner unsere Präsidenten immer nachts wählen. Die Politiker tun ihr möglichstes, etwaige Verstimmungen rasch wieder in Vergessenheit geraten zu lassen. Man könne den Yankees nicht erst hinten hineinkriechen, sagt ein langjähriger Außenminister, und sich dann querlegen.

Amerikanische Touristen werden von der Loreley nach wie vor magisch angezogen. Die

Kurverwaltungen von Rüdesheim, St. Goar und Bingen on the Rhine haben als konzertierte Aktion einen Liedtext erarbeitet, der Amerikanern das Mitsingen erleichtert:

> Ick vise nickt vus sol dus badoytan
> dus ick so trourick bin,
> Ine mearshan ouse oorultan ziten
> dus comt meer nickt ouse dam sin,
> Dee looft ist so cool oond as doonkalt
> oond roohick fleesat das Rhine,
> das geapfal das beargas foonkelt im
> ubandsonnanshine.

Deutsche Urlauber in den USA müssen sich erst daran gewöhnen, daß der Amerikaner dem Brot keine mythologische Bedeutung beimißt, verstehen es aber, sobald sie welches gegessen haben. Insgesamt vergrößert sich nach Abschluß der Ferienreise die Distanz zum American Way of Life. Das Gefühl, das amerikanische Jahrhundert werde nicht mehr allzu lange dauern, verstärkte sich, als eine dpa-Meldung eintraf, wonach sich Jahr für Jahr achttausend Amerikaner mit Zahnstochern verletzen.

Einem rohstoffarmen Land wie Deutschland blieb gar nichts anderes übrig, als vielfältige Beziehungen zu den Staaten der Erde aufzunehmen. Handel und Industrie sind international orientiert und widmen den Schwellenländern besonderes Augenmerk. Das Ziel dieser Wirtschaftspolitik ist Partnerschaft und der Abbau des Wohlstandsgefälles. Nachdem die Herstellung und der Vertrieb von DDT in Deutschland verboten worden war, verlagerte ein Chemiekonzern die Produktion dieses Artikels umstandslos ins indische Maharashtra. Eine der angesehensten Forschungseinrichtungen des Landes entwickelte in Freiburg einen Solarkocher mit Hitzespeicher speziell für die dritte Welt. Dort braucht man jetzt nur noch etwas zum Draufstellen.

Deutschland war schon immer ein multikulturelles Land. Bei den langen Kerls des Preußenkönigs dienten nicht nur Böhmen und Kroaten, sondern auch Türken und Äthiopier. Modern denkende Deutsche diskriminieren nicht. Sie machen keinen großen Unterschied zwischen Bananenrepubliken und Betelnußdemokratien. Informierten Staatsbürgern ist bewußt, daß die deutsche Volkswirtschaft auf Ausländer angewiesen ist. Ohne sie würde der Markt für Gebrauchtwagen, Startpilotsprays, Hammelnieren und wollene Kopftücher zusammenbrechen. Zahlreiche Preise sind für politische Korrektheit und Völkerverständigung ausgesetzt, darunter der Theodor-Heuss-Preis, der Karlspreis, die Otto-Hahn-Medaille, der Erasmuspreis und der UNESCO-Friedenspreis. Es wird also sehr viel getan. Allein mit den Preisgeldern könnte man ein armes Land mittlerer Größe verköstigen.

Gut, das *rebirthing* des Fuchsbandwurms wird gelegentlich den ärmeren Ländern zur Last gelegt. Aber angesichts des Asylantenstroms den Politikern Untätigkeit oder Verschleppung vorzuwerfen, wäre verfehlt. Im Gegenteil, auf dem Höhepunkt der Debatte konnte eine große bebilderte Zeitung melden: »Asyl: Bonn gibt Gas«.

Deutschland hätte gute Chancen, in die Liste der sicheren Drittländer aufgenommen zu werden. Die Fremdenfeindlichkeit richtet sich noch eher gegen Tiere als gegen Menschen. »Ebenso wie wir keine Kommunisten im öffentlichen Dienst sehen wollen«, sagte ein Bauernverbandspräsident, »wünschen wir kein ausländisches Fleisch in deutschen Würsten.« Auf dem rechten politischen Spektrum wird wohl ein fidschifreies Land gefordert, doch sind damit nicht die Bewohner der Fidschiinseln angesprochen, sondern Vietnamesen.

Bloß in den südlich gelegenen Landesteilen mit einer ohnehin schon stark hybriden Bevölkerung will man sich nicht länger in den Genpool spucken lassen. Staatskanzlisten stellen Überlegungen an, wie man die Maschen des Erbgesundheitsgesetzes wieder enger knüpfen könnte. Im großen und ganzen scheint man sich jedoch damit abgefunden zu haben, daß Versprengte aus untergehenden Ethnien im Lande Fuß fassen. Der ständige Genfluß zwischen Fremdethnien und Europiden wird in absehbarer Zeit zur Entstehung einer neuen Ethnie führen, deren Merkmalskombination noch nicht abschätzbar ist.

Der Nationalcharakter

German heißt so viel wie Schirmmann (dschörman). Tacitus hat seinerzeit das Wort »deutsch« nämlich nicht vom althochdeutschen *diot* für heidnisch abgeleitet, sondern von dem alten Kriegswort Schirm im Sinne eines mit Tierfellen überzogenen Schutzschildes. An die Wortherkunft erinnert noch das französische Sprichwort: »L' Allemand a toujours quelquechose d'une bête.«

Der Verlust des Schildes galt bei den Germanen als besonderer Schimpf. In diesem Zusammenhang hat der Dichter Christian Friedrich Schubart einmal die bange Frage gestellt: »Sind wir immer noch das alte Volk, das Varus schlug?« Die Obrigkeit gab ihm dann viel Zeit, über die Antwort nachzudenken. Eines ist sicher: Auf den reizarmen Burgen des Hochmittelalters kamen die ritterlichen Tugenden der hövescheit und mâze, der staete unde triuwe in ihr Recht. Viele dieser Tugenden lebten fort bis in die Neuzeit. Dazu gehören Zuvorkommenheit und Hilfsbereitschaft auch in kritischen Situationen. »Wer will hier noch sterben?« fragte der Theologiestudent Sand, nachdem er Kotzebue ermordet hatte.

In der wilhelminischen Epoche war der Kaiser persönlich davon überzeugt, das deutsche

Volk sei *semper talis*, stets dasselbe. Mochten andere Kulturnationen ihre Ideale verloren haben, den Deutschen waren Ehrbarkeit und Sparsamkeit zu dauernden Gütern geworden. Bismarck verkürzte die Emser Depesche, um die öffentliche Hand nicht über Gebühr zu belasten. Noch im Ruhestand zeigte er die alte deutsche Redlichkeit. Am 20. März hatte er seinen Abschied genommen, das volle Gehalt jedoch bis zum 31. März bezogen. Den Differenzbetrag mußte er zurückzahlen, und er zahlte ihn gerne zurück, denn nach seiner Auffassung hatten solche Vorschriften Preußen groß gemacht. Ähnlich ein Fall aus Bonn am Rhein. Ein Bundestagspräsident erhielt als Entschädigung dafür, wegen des Naziregimes 34 Jahre lang *nicht* an einer Universität gelehrt zu haben, genau 281.207,09 Mark ausbezahlt und keinen Pfennig mehr. Gelebte Demokratie auch in Baden-Württemberg. Dort entschlossen sich christ- und sozialdemokratische Abgeordnete im Frühsommer, ihre Bezüge einzufrieren. Im November erhöhten sie ihre Diäten rückwirkend um fünf Prozent.

Man hüte sich, über der Beharrlichkeit ihre Doppelgesichtigkeit zu verkennen. Die Flügel aus Schmiedeeisen in der Wagneroper – nur einem tief ambivalenten Geist konnte dies einfallen. Ängstlich sind die guten Deutschen darauf bedacht, ihren Mut zu beweisen. Furchtlos stürzen sie sich mit Tempo 160 in Nebelbänke, nicht achtend des Dichters Worte:

Knaben, oh werft den Mut
nicht in die Geschwindigkeit.

Und dann die souveräne Ruhe, sobald sie ihre Fahrzeuge verlassen haben. Stundenlang können sie fast reglos dasitzen und über den deutschen Fleiß reden. Die ans Phlegma grenzende Bedächtigkeit ist am vollkommensten beim Sachsen ausgebildet: »Wenn ihr mir jetz nochma gechn's Schienbein träded, mein Schnaps wegsaufd und mid'm Finger in mei Bier ditschd, dann setsch mich weg.«

Die Landschaft prägt die Seele. Sie ist verantwortlich für das interethnische Gefälle, erzeugt den materiellen Bayern, den schwerfälligen Westfalen oder den polierten Rheinländer. Die stolzen Hamburger nehmen keine Orden an, und nur 9,8 Prozent von ihnen leben von der Sozialhilfe. Ein Nord-Süd-Gefälle entstand durch die Abwanderung von Unsympathen und Langschädeln in südliche Landesteile. Diese Wandersiebung bewirkte eine Entrundung der Kopfform auch in diesen Regionen. Ein kompliziertes Problem ist das Ost-West-Gefälle. Die Wiedervereinigung schien die Spaltung zunächst zu vertiefen. Im Westen führte man das Lächeln der Chinesen darauf zurück, daß sie die Mauer noch haben. Im Osten ging man dazu über, wieder die gewohnten duftigen Brötchen zu backen, die nicht so aufgeblasen sind wie die aus dem Westen. Ein neuer Separatismus zeichnete sich ab. Doch sorgte der Wetterbericht für die mentale Einheit des deutschen Volkes. Es hat etwas Verbindendes, wenn die Menschen im östlichen Oberschwaben etwas über die Glättegefahr in der Niederlausitz hören.

Die Deutschen haben wieder einen Nationalcharakter, weil sie mehr gemeinsame als trennende Merkmale aufweisen. Da ist einmal das tiefe Desinteresse aneinander. Da ist zweitens die Überzeugung, man brauche es nicht genauer zu nehmen, als die Menschen es selbst haben wollen. Und da ist schließlich die Unzufriedenheit mit dem eigenen Dasein.

Deutschland ist eine Malkontentengesellschaft. Jede Gruppe hat ihre Lieblingsbeschwerde. Jüngere Ehefrauen lärmen, weil sich der Mann die Hände in der Küche wäscht statt im Bad. Rentner halten die Silvesterknallerei für das ärgste Übel der Zeit. Neunzig Prozent aller Akademiker sind mit dem Fernsehprogramm, zwei Drittel der Hausfrauen mit ihrem Lebensmittelgeschäft unzufrieden.

Den unserer Wohnung gegenüberliegenden Krämerladen haben wir als einen Ort der Weltuntergangsstimmung in Erinnerung. Apokalyptiker traten nirgendwo so massiert auf wie dort und verbreiteten einen Hauch von Verfall. Die Mehrzahl der Kunden verstand die Welt nicht mehr, der Rest wollte sie nicht verstehen. Übereinstimmend hielten sie das Nicht-Ich für ein Mängelwesen. Am Ende unseres Forschungsaufenthalts hatten wir den Eindruck gewonnen, der Globus sei zu einer riesigen Gegenutopie verkommen und speziell Deutschland zu einer an verendender Zivilisation laborierenden Welt.

Weiterführende Literatur

Ewald Bosse, Fattingdomen som samfundsfenomen, Oslo 1939

Die Eiserne Hand. Intelligenzblatt der Götz v. Berlichingen-Academie zur Pflege des schwäbischen Grußes, Tübingen 1964 ff.

Johann Elsner, Meine Erfahrungen in der höhern Schafzucht, Stuttgart 1835, 2. Aufl.

Eduard Engel, Verdeutschungswörterbuch, Leipzig 1929

Bampfylde Fuller, Die Tyrannei der Seele, Leipzig 1937

Gerhard Hoffmann, Raum, Situation, erzählte Wirklichkeit, Stuttgart 1978

Kants Kritik der reinen Vernunft ins Gemeindeutsche übersetzt von W. Stapel, Hamburg 1919

Heinrich Klenz, Schelten-Wörterbuch, Straßburg 1910

Ernst Kreuder, Das Unbeantwortbare, Mainz 1959

Erich Kühn, Schafft anständige Kerle, Berlin 1938

Walter Lorenz, Remscheid auf alten Postkarten, Duisburg 1979

Traugott Mann, Rein bleiben und reif werden, München 1929

Robert Marquales, »Von Bucheckern, juvenilen Ziegen, ostgotischen Bügelfibeln und anderen Gegenständen der Forschung«, in: Frankfurter Hefte, März 1972, S. 154

Reinhard Piper (Herausgeber), Jugend und Heimat, München (Piper-Verlag) 1942

Rudolf Piper, Veränderungen der Schleimhaut der Rattenharnblase, Berlin 1974

Arnold Ruge, Der Streckfuß und das Preußentum, s.l. 1839

Karl Russ, Die fremdländischen Stubenvögel, Magdeburg 1901

Martin Urban, Frohe Klänge aus der Rockenstube und a Sträußl Hanabuttn-Räisla, s.l. 1880

Ursinus, Bedencken ob P. Rami dialectica und rhetorica in die Schulen einzuführen, Erfurt 1587

Erich Wulffen, Das Weib als Sexualverbrecherin, Berlin 1923

M. Young, Es lebe die Ungleichheit, Köln 1961

Tief in Bayern — eine Antwort an meine Kritiker

1. Zur Autorschaft

Mein Name sei eine »Mystifikation«, meldete dpa im Frühjahr 1991 unmittelbar nach dem Erscheinen von *Tief in Bayern*. Die Frage ist nur, wer da mystifiziert hat. Eine Münchner Boulevardzeitung vermutete hinter R.W.B. McCormack »ein eingespieltes Autorenteam«, und die Hamburger *Zeit* sprach positivistisch von einer »in München angesiedelten Autorengruppe«. Die drei Initialen R.W.B. könnten zu dieser Theorie verleitet haben (R stand dann für Riehl, B für Burger...), dabei repräsentieren sie nur meine Vornamen Richard Waldo Brooks.

Eine badische Zeitung erkannte in mir den »völkerkundlich aufgeschlossenen Ausländer«, als den ich mich immer definiert habe. Es wäre gut gewesen, es mit dieser Charakterisierung sein Bewenden haben zu lassen. Statt dessen ließen die Fachjournalisten ihrer Phantasie freien Lauf. Einer der ehrgeizigsten Detektive witterte in mir einen bayerischen Professor, der ein Buch über sein Land auf die Gefahr hin geschrieben habe, »beruflich für immer ins Abseits zu geraten«. Diese These wollte eine Regionalzeitung mit dem Argument widerlegen,

McCormack zitierte gelegentlich ohne Quellenangabe, »also kann es kein Wissenschaftler« sein. Hinter dem Verfasser verberge sich vielmehr »ein bestens informierter Pressemann«, ein »Topjournalist«, der bei einer großen süddeutschen Zeitung beschäftigt sei.

Die *Stuttgarter Zeitung* wollte herausgefunden haben, ich sei gemeinsam mit dem amtierenden Bundesfinanzminister und Vorsitzenden einer großen christlichen Partei in Bayrisch-Schwaben aufs Gymnasium gegangen. Dies ist genauso absurd wie die Behauptung einer österreichischen Zeitschrift, der »moderne Apokalyptiker« Johannes (sic!) M. Enzensberger habe mir die Hand geführt. Einen Mann dieses Namens kenne ich nicht, noch bin ich sein Wiedergänger.

Die Aufregung um die Autorschaft von *Tief in Bayern* hat mich etwas überrascht, da ich meine wissenschaftliche Laufbahn offenbart und mein Schriftenverzeichnis vorgelegt hatte. (Schließlich ist ja auch mein Werk über das Schwirrholz bei den westlichen Pueblos seinerzeit nicht ganz unbeachtet geblieben.) Um so willkommener war mir, daß die *Mittelbayerische Zeitung* den Nagel auf den Kopf traf und das Rätselraten beendete: »Vielleicht ist die ganze Geschichte mit dem Pseudonym eine Zeitungsente, und der Autor ist wirklich ein Texaner, der in Heidelberg studiert hat, Professor für Ethnolinguistik an der Simon Suggs Universität ist und in Washington lebt.«

So ist es. Inzwischen hat mein Biograph

Franz Tulner im TravenVerlag in Kempten eine Lebensbeschreibung herausgebracht und dazu eine Fülle von Details zusammengetragen, die mir selbst nicht einmal mehr alle bekannt waren: die glücklichen Ferientage bei der Oma in Sprinkley (Südwesttexas); die langen Nächte als Aushilfskellner im Roten Hirschen zu Heidelberg; die Statistenrolle bei den Karl-May-Festspielen in Bad Segeberg; der erzwungene Aufenthalt in der Landeskrankenanstalt Süd-Schleswig, aus der ich als »bedingt geheilt« entlassen wurde...

2. Zum Inhalt
Aufs Ganze gesehen hat *Tief in Bayern* ein freundliches Echo gefunden. Formal konnten die Rezensenten an dem mit äußerster Sorgfalt lektorierten Text sowieso nichts auszusetzen haben. Und der Inhalt stieß auf breite Zustimmung. »In diesem Buch«, schwärmte ein Kritiker aus Kaiserslautern, »reichen sich modernste Kulturanthropologie und braver Sinn fürs Wahre und Schöne krachend die Hände.« Mehr als einmal wurden der distanzierte Blick und die verblüffenden Ergebnisse dieser »epochalen Ethnographie« gewürdigt. Ein angesehener Presseinformationsdienst hob meine »profunde und daher erschreckende Sachkenntnis« hervor. Selbst das recht abweisende, hauptsächlich dem Waldsterben gewidmete ostbayerische Kulturmagazin *Die Lichtung* wollte sich meiner Deutung des Schuhplattlers als ritualisierter Abwehr von Stechmücken nicht verschließen. Ge-

legentlich wurde mir vorgeworfen, Altbayern über Gebühr berücksichtigt zu haben, doch bestätigte mir gerade die fränkische *Main-Post*, ich hätte »verdammt nah an den Tatsachen geschrieben«. Am bündigsten drückte sich der Journalist aus, der schrieb, McCormack »beschreibt die Wirklichkeit und nichts als die Wirklichkeit«.

Eine Schweizer Zeitung attestierte mir, ich hätte die Bayern nicht nur teilnehmend, sondern »sehr teilnehmend« beobachtet. Das ist wahr, allerdings ging mir eine Bemerkung im *Evangelischen Buchberater* zu weit, wonach ich das Bayernvolk insgeheim lieben würde. Ich weise diese Unterstellung als unbegründet, wenn nicht ehrverletzend zurück, denn ich habe mich meinem Untersuchungsgegenstand gegenüber nirgendwo von Gefühlen leiten lassen und stets einen strikt neutralen Standpunkt eingenommen.

In einem nicht näher definierbaren Periodikum mit dem Titel *Kommune* heißt es: »Wo man auch hineinsticht in McCormacks Ethnographie – nichts stimmt, nichts paßt, nichts ist zu Ende gedacht.« Der Volkacher Kirchberg sei weder gigantisch, noch sei er wenig erforscht, und eine Sollbruchstellenkeramik habe es nie gegeben. Im übrigen rühre das »McCormacksche Fiasko« daher, daß ich »wenig über die Leopoldstraße hinausgekommen« sei und meine Resultate sich hauptsächlich auf die Landeshauptstadt bezögen. Ich will auf derlei Anwürfe nicht im einzelnen eingehen – sie sind weniger ein Fall von kritischem Vermögen als von überschüssiger Magensäure – und mich lieber auf das Nietzsche-Wort zurückziehen: »Das Gute mißfällt uns, wenn wir ihm nicht gewachsen sind.«

Problematischer für mich waren da schon Rezensionen, die zwiespältig blieben oder Komplimente mit der linken Hand verteilten. Wie soll ich die Einstufung von *Tief in Bayern* als »schräges Standardwerk« verstehen? Oder mit der Verdächtigung umgehen, meine »Fehleinschätzungen« hätten »Methode«? Was soll es bedeuten, wenn die *Basler Zeitung* schreibt, meine Schlußfolgerungen seien »allesamt falsch, aber auf eine Art falsch, daß die Irrtümer eine neue Erkenntnis offenbaren«?

Fast aus dem Gleichgewicht brachten mich zwei aufeinanderfolgende Kritiken in der *Zeit*. Am 6. März 1992 schrieb dort Klaus Harpprecht unter dem Pseudonym Thomas Schmid, mein Buch sei albern, töricht und diffamierend. Zwei Wochen später, am 20. März, fand ein Anonymus in derselben Zeitung mein Werk lehrreich und lustig.

3. Zur Gültigkeit und Verläßlichkeit

Bei einem Umfang von 286 Seiten darf man schon ein wenig stolz darauf sein, daß mir in dem gesamten Werk nur ein einziger sachlicher Fehler unterlaufen ist. Er hat mit Geographie zu tun. Hinterzarten liegt tatsächlich nicht in Bayern, sondern in Baden-Württemberg. »Einem Amerikaner mag das einerlei sein«, zürnte ein Leser, »einem geborenen Schwarzwälder wie mir nicht.« Ich bitte das Versehen zu entschuldigen. Die Verwechslung geschah um der etwas anrüchigen Pointe willen.

Ich hatte für nahezu den gesamten Text das ethnographische Präsens gewählt, so daß die zeitliche Zuordnung unbestimmt blieb. Dieser stilistische Kniff hat sich gelohnt. Die Folge ist nämlich, daß alles, was ich zu sagen hatte, über den Tag hinaus Bestand hat. Zwei winzige Einschränkungen muß ich machen. In den Bierzelten auf der Oktoberfestwiese wurden den Musikverstärkern der Blaskapellen mittlerweile »Begrenzer« vorgeschaltet, so daß sie nicht mehr als 90 Dezibel abgeben. Die Eigengeräusche der Volksfestbesucher können jedoch bis zu 87 Dezibel erreichen. Die musikalische Folklore spielt sich demnach in dem engen Bereich von drei Dezibel ab. Die zweite Einschränkung ist nicht akustischer, sondern oleofaktischer Natur. Die Münchner Ureinwohner wurden bevölkerungspolitisch noch weiter an den Rand gedrängt und erkennen sich gegenseitig oft nur noch an der Rettich-Ausdünstung, was sie freilich am wenigsten zu stören scheint.

Ansonsten zeigt die bayerische Kultur das gewohnte Beharrungsvermögen. Als auf der Toilette eines Restaurants ein Drogentoter gefunden wurde – er hatte die Nadel noch im Arm –, legte die Lokalpresse Wert auf die Feststellung, daß sich der Vorfall in der *Traditions*gaststätte »Beim Spöckmeier« abgespielt hat. Das Mitleid für die Opfer von Rauschgift wird nie übertrieben, da man von der Trinkkultur her mit dem Grundphänomen vertraut ist.

»Der Huber is gschtorm.«

»An wos?«

»Totgsuffa.«

»Reschpekt.«

Auch auf dem Wirtschaftssektor wird Traditionspflege nach wie vor großgeschrieben. Viele Bauern lassen ihren Traktor noch auf den Namen des Opas laufen, selbst wenn dieser schon seit zehn Jahren tot ist. Die Ahnenverehrung spielt hier herein, außerdem kostet das Umschreiben 30 Mark.

Im religiösen Leben haben die frommen Paraphernalien ihre Wichtigkeit bewahrt. Die Häusermakler und Pharmareferenten ziehen wie eh und je abgetragene Manchesterhosen an, wenn sie ihre ländlichen Kunden aufsuchen. Aus einer Tasche lassen sie ein Sacktuch hervorlugen, aus der andern baumelt ein Stück Rosenkranz. Der Rhythmus des Kirchenjahres ist der nämliche geblieben. Am Portiunkula-Sonntag kann in allen Pfarrkirchen den ganzen Tag über bis 24 Uhr vollkommener Ablaß gewonnen werden, und zwar nicht nur für den Gläubigen selbst, sondern auch für seine bereits verstorbenen Angehörigen.

Die Beziehung der Geschlechter zueinander wird weiterhin von großer Aufrichtigkeit bestimmt. Auf sein sexuelles Variationsbedürfen angesprochen meinte einer unserer langjährigen Informanten: »I kannt am Tag fünfmoi, wann i jedsmoi a anders Weib hätt.« Wie oft haben wir das nicht gehört! Den vielgerühmten Sinn fürs

Praktische verliert der Bayer auch nach vielen Ehejahren nicht. Ein befreundeter Mediziner sprach einen seiner Patienten bei einem Hausbesuch auf den Holzstoß an, den der sich neben seinem Bett aufgebaut hatte. »Ja mei, Herr Doktor«, sagte der Kranke, »mei Oide hört so schlecht. Wann i was brauch, nacha wiaf i ihra so a Scheitl nauf.«

Daß Bayern für den Ethnolinguisten eine unerschöpfliche Fundgrube darstellt, war mir nicht neu. Man stößt dort auf die klassische Antiphrase, also auf die Bezeichnung durch das Gegenteil (»Ja, Sie gfrein mi«), ebenso wie auf die rhetorische Aposiopesis, das Verschweigen durch Abbrechen (»Ihr könnt's mi...«). Richtig bewußt geworden ist mir jetzt wieder die stammeseigentümliche Gedrängtheit bestimmter narrativer Strukturen.

Lehrer: »Wer kann eine schöne Geschichte erzählen?«

Maxl: »Ausbliebn«.

Lehrer: »Wieso?«

Maxl: »Mei Schwester hat zu ihrm Freind gsogt ›Ausbliebn‹«‹, do hat der gsogt, des is a schöne Gschicht.«

Die Poesie des bayerischen Alltags ist unverlierbar und entschädigt den Forscher für die oft nicht unbeschwerliche *field work* und für manchen Selbstzweifel in den einsamen Stunden am Schreibtisch. Einzigartig und unverwechselbar an der hiesigen Dichterseele ist die Fähigkeit, intimes Naturerleben zu quantifizieren. Das folgende Gedicht trägt nicht zufällig den Titel

Dreißig Kilometer täglich

Von uns allen hergebeten,
hat der Frühling, wie man weiß,
längst die Reise angetreten,
bald ist Schluß mit Frost und Eis ...

Wem das Warten unerträglich,
der bedenke: Stück für Stück,
dreißig Kilometer täglich,
legt der Frühling so zurück.

Drum ist's Unsinn, sich zu sorgen.
Aus Erfahrung wissen wir:
Bald, an einem schönen Morgen
ist er auch ganz plötzlich hier.[1]

Politisch gilt Bayern gemeinhin als rückständig. Dieser Ansicht vermag ich mich weniger anzuschließen denn je. Ich erinnere nur daran, wie im modernen Bayern verhindert wurde, daß Weimarer Zustände aufkamen. Indem man nämlich die Bleistifte in den Wahlkabinen so kurz angebunden hat, daß bloß die Regierungspartei, höchstens noch eine kleine Oppositionspartei, keinesfalls jedoch eine Vielzahl von Splitterparteien angekreuzt werden konnten. Grund, sich zu schämen, haben Bayerns Kritiker auch wegen der jüngsten weltpolitischen Entwicklung. Das Land Bayern war die erste Sowjetrepublik auf deutschem Boden. Sie ist lange vor der UdSSR zerfallen. Der Freistaat war auch in dieser Hinsicht wegweisend.

---

[1] Landshuter Zeitung vom 28. März 1992

Ortsregister

Amstetten 93
Augsburg 14

Bad Ems 203
Bad Hersfeld 151
Bad Segeberg 101, 210
Bargfeld 154f.
Bayreuth 164
Bensheim 13
Berlin 25, 28, 31, 39, 59, 61, 69, 77, 103, 119, 126, 136, 155, 162, 170ff., 180
Bingen (am Rhein) 199
Bitterfeld 151
Bonn 22, 26ff., 52, 63, 100, 103, 131, 171, 176, 187, 197f., 201, 203
Braunschweig 180
Bremen 33
Bückeburg 17
Buxtehude 151

Coppenbrügge 182

Dammendorf 63
Dessau 110
Dresden 16, 75
Düsseldorf 100, 150, 155
Duisburg 106

Eichstätt 32
Essen 138
Eutin 84
Flensburg 171
Frankfurt 12, 49, 64f., 140, 152, 166, 197
Fickmühlen 84
Freiburg 200
Freudenstadt 189
Fürth 174

Garbsen 106
Gelsenkirchen 135, 183
Geislingen 93
Gießen 182
Göttingen 154

Hamburg 20f., 63f., 101, 105, 114, 148, 204
Hamburg-Altona 61
Hamburt-Langenhorn 108
Hannover 108, 180
Heidelberg 11, 209f.
Hinterkuhdreckshausen 63
Hitzelhosenbach 76

Kaiserslautern 74, 183, 210
Kassel 160

Kempten 210
Kiel 72
Koblenz 172
Köln 55, 63f., 100
Krautze 8
Krefeld 189f.
Kreuzberg 28

Leipzig 61, 73, 86, 141
Löwenich 44
Loreley 150, 198
Ludwigsburg 166

Mannheim 61
Meiningen 171
Merklingen 45
Mönchengladbach 101
München 59, 64
München-Erding 50
Münster 83

Netzschkau 8
Neukölln 28
Niederengste 63
Nördlingen 56

Oberwaltersdorf 111
Obrigheim 175
Oggersheim 20, 60
Osnabrück 109, 139

Pankow 25
Pfersee 14
Pfullingen 116

Remscheid 198
Regensburg 115
Rüdesheim 186, 199
Rügen 176
Ruhrgebiet 77, 151

St. Goar 199
Sargstedt 118
Schafscheißmühlen 63
Schwillensaufenstein 106
Stuttgart 64, 66, 103

Trier 18
Troisdorf 55
Tübingen 82

Vasenthien 8

Wackersdorf 175
Wandlitz 109
Weiberhemdmoor 84
Weimar 27f., 151
Weinsberg 102
Wetzlar 59
Wiesbaden 24, 67, 106, 172

Zülpich 52